创新型民航服务类专业精品教材

民航市场营销

主审　崔德明

主编　兰　琳

教·学
资　源

航空工业出版社

北　京

内 容 提 要

本书以 4P 理论为核心，结合民航市场中的典型案例，全面、系统地介绍了民航市场营销的理论知识，旨在帮助学生掌握民航市场营销的策略和方法。全书分为八个项目，分别为民航市场营销概述、民航市场营销的调查与分析、民航市场细分及目标市场的选择、民航市场营销的产品策略、民航市场营销的价格策略、民航市场营销的分销策略、民航市场营销的促销策略、民航市场营销管理。

本书结构完整，重点突出，体例丰富，可作为各类院校民航服务类等相关专业学生的教材。

图书在版编目（CIP）数据

民航市场营销 / 兰琳主编. -- 北京 ： 航空工业出版社，2025. 1. -- ISBN 978-7-5165-3965-1

Ⅰ. F560

中国国家版本馆 CIP 数据核字第 2024DB9853 号

民航市场营销

Minhang Shichang Yingxiao

航空工业出版社出版发行

（北京市朝阳区京顺路 5 号曙光大厦 C 座四层　100028）

发行部电话：010-85672666　010-85672683　　读者服务热线：010-85672635

北京谊兴印刷有限公司印刷　　　　　　　　　　全国各地新华书店经售

2025 年 1 月第 1 版　　　　　　　　　　　　2025 年 1 月第 1 次印刷

开本：787×1092　1/16　　　　　　　　　　字数：277 千字

印张：12　　　　　　　　　　　　　　　　　定价：45.00 元

前 言

PREFACE

民航业是推动我国社会经济发展的重要战略产业。近年来，中国民航的发展实现了历史性飞跃，民航运行安全平稳，建成了经济可靠的设施体系、系统完备的技术体系、统筹高效的管理体系和优质便捷的服务体系，国际地位和影响力大幅提升。

为了深化民航服务类等相关专业学生对民航市场营销的认识与理解，培养他们的数据分析能力、营销策划能力、创新能力等，我们精心策划并编写了《民航市场营销》一书。

整体而言，本书具有以下几个方面的特色。

立德树人，德技并修

党的二十大报告指出："育人的根本在于立德。"本书有机融入党的二十大精神，秉持"立德树人，德技并修"的编写理念，在讲解知识的同时，将职业道德、职业素养、职业精神等融入课程教学中，引导学生树立正确的价值观和职业观，全面提升学生的综合素养，力求把学生培养成为德才兼备、全面发展的人才。

注重实践，巧设模块

本书采用"项目—任务"式编排方式，每个项目都包括"学习目标""项目考核"，每个任务都包括"任务导入""任务实施""任务评价"，旨在让学生"在学中做，在做中学"。

❖ **学习目标**：阐述学生在学完本项目后应达到的"知识目标""技能目标""素养目标"，使学生在明确学习重点的基础上，有的放矢地学习。

❖ **任务导入**：通过典型的民航市场营销案例引出正文内容，激发学生的学习兴趣。

❖ **任务实施**：采用小组合作、实地调研、情景模拟等丰富的活动形式，让学生深刻理解民航市场营销的重点理论，切实掌握民航市场营销的操作技能，实现知行合一。

❖ **任务评价**：采用自评、师评的方式，从准备工作、技能实操、成果呈现三个方面评价学生的学习成果。

❖ **项目考核**：设置单项选择题、多项选择题、简答题和案例分析题四种题型，方便学生查漏补缺，巩固所学知识。

此外，本书还在知识讲解中穿插了"民航贴士""头脑风暴""同步案例""民航视窗"栏目，具有较强的趣味性、指导性和实用性。

❖ **民航贴士**：解释正文中出现的专有名词，或提示易混易错点，帮助学生更好地理解所学内容。

❖ **头脑风暴**：设置一些富有趣味性的讨论话题，方便学生交流学习心得。

❖ **同步案例**：引入真实或改编的案例，并对相关民航市场营销知识进行深层次的分析，使学生深刻理解相关理论知识。

❖ **民航视窗**：拓展相关知识，拓宽学生的视野，激发学生的学习热情。

资源丰富，平台支撑

本书配有丰富的数字资源，将教材、在线课堂和教学资源进行融合，构建了线上、线下相结合的教学模式。学生可借助智能手机或其他移动设备扫描扉页二维码获取相关内容，教师可登录文旌综合教育平台"文旌课堂"查看和下载本书配套资源，如"项目考核"答案、优质课件、教案、课程标准等。

此外，本书还提供了在线题库，支持"教学作业，一键发布"。教师登录"文旌课堂"App，即可迅速选题、一键发布作业、智能批改作业，以及查看学生的作业分析报告，提高教学效率，提升教学体验。学生可在线完成作业，巩固所学知识，提高学习效率。

本书由崔德明担任主审，兰琳担任主编，程远曲、葛行峰、王世江、孙鸣阳、李玉杰、朱晓婷、张君、韦方园、杨婧欣担任副主编。由于编者水平有限，书中存在的疏漏和不妥之处，诚请广大读者批评指正，以便在今后的修订中进一步完善。

特别说明：

（1）本书在编写过程中，参考了大量资料并引用了部分文章和图片。这些引用的资料大部分已获授权，但由于部分资料来自网络，我们未能确认出处，也暂时无法联系到原作者。对此，我们深表歉意，并欢迎原作者随时与我们联系，我们将按规定支付酬劳。

（2）本书所选案例均来源于真实事件，但为了避免引起不必要的误会，部分单位使用了化名。

（3）本书没有注明资料来源的案例均为编者根据真实事件改编。

🔍 **本书配套资源下载网址和联系方式**

🌐 网址：https://www.wenjingketang.com

📞 电话：400-117-9835

✉ 邮箱：book@wenjingketang.com

目　录

CONTENTS

项目一

拨云见日
——民航市场营销概述

学习目标

⊙ **学习目标**

知识目标

（1）理解市场与市场营销。
（2）了解市场营销理论和市场营销观念。
（3）熟悉民航市场营销的主要内容。
（4）熟悉民航市场营销的发展趋势。

技能目标

（1）能够运用市场营销知识，分析生活中的现象。
（2）能够运用市场营销观念，有效推广民航产品。

素养目标

（1）培养创新思维和自主探究学习意识。
（2）培养团队合作精神，提高解决实际问题的能力。
（3）关注民航市场的动态变化，精准把握、预测其未来发展趋势。

任务一　了解市场营销

 任务导入

无成人陪伴的儿童安全之旅

中小学寒暑假期间，不少家长计划让孩子乘飞机探亲团聚，但由于种种原因，他们可能无法与孩子同行。针对这一情况，某航空公司推出了无成人陪伴儿童服务。

这种服务是一项专为年龄满 5 周岁（含）但不满 12 周岁（不含）的单独乘机儿童提供的特殊服务，旨在确保无成人陪伴的儿童在乘机过程中得到妥善的照顾和帮助，让他们能够安全、舒适地到达目的地。

作为该航空公司的关怀系列产品之一，无成人陪伴儿童服务体现了公司对旅客的关爱和责任感。通过提供这项服务，该航空公司不仅满足了特殊旅客群体的需求，还赢得了市场的认可，提升了知名度和市场竞争力。

❓ 该航空公司为什么要推出无成人陪伴儿童服务？

一、市场

（一）市场的内涵

在日常生活中，人们习惯将市场看作买卖产品的场所，如集市、商场等。从狭义上讲，市场是指买卖双方交易产品的场所。该市场具有以下三个特点：一是有买卖双方，二是有一定的交易场所和条件，三是有较为固定的交易活动。从广义上讲，市场是指一定时间、地点等条件下产品交换关系的总和。

当产品生产出来后，有人购买说明产品有市场，购买的人越多说明产品的需求量越大，市场也就越大。因此，市场是人口、购买力和购买欲望三要素的总和，三者缺一不可。

头脑风暴

有人说："买菜要到农贸市场，买家具要到家具市场，买衣服要到服装市场。简单地说，买卖东西的地方就是市场。"你认同上述观点吗？和同学们讨论，说一说自己的看法。

（二）市场的分类

根据不同的购买者及其购买行为，市场可分为消费者市场、生产者市场和组织市场。每种市场都有其特定的服务对象，并针对服务对象的需求提供相应的产品和服务。

（1）消费者市场，又称"消费品市场"或"生活资料市场"，是指为满足消费者个人或家庭的消费需求而提供产品和服务的市场。

（2）生产者市场，又称"生产资料市场"，是指为满足生产者生产或加工的需求而提供产品和服务的市场。

（3）组织市场是指为满足商业企业、政府机构等各类组织机构对产品和劳务的需求而提供产品和服务的市场。

二、市场营销

（一）市场营销的含义

市场营销是伴随着市场的发展而产生的。在市场起步期，也就是产品种类单一且供不应求的时期，企业不需要开展市场营销。随着市场发展日益繁荣、产品种类日益丰富，企业不得不主动开展市场营销。

具体而言，市场营销是指企业以消费者需求为中心，立足于市场所进行的有关产品生产、流通和售后服务的一系列经营活动，包括市场调查和预测，产品的定价、分销、促销、售后服务等。其目的在于满足市场需求，实现企业的经营目标。

（二）与市场营销有关的基本概念

与市场营销有关的基本概念主要包括需要、欲望、需求、产品、效用、价值、满意、交换、交易、关系等，它们的关系如图 1-1 所示。

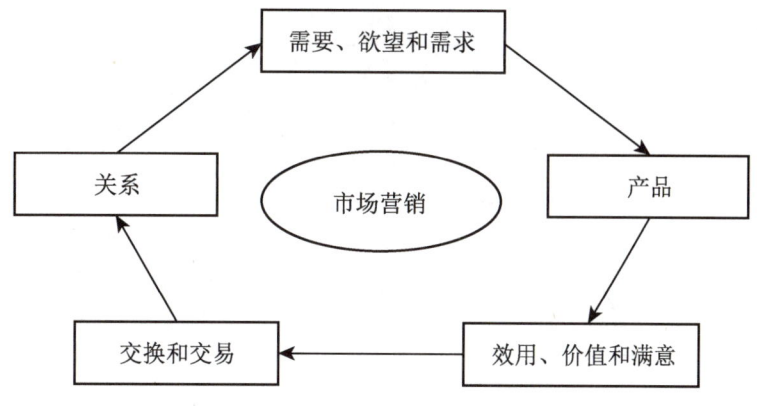

图 1-1　与市场营销有关的基本概念

1．需要、欲望和需求

消费者的需要、欲望和需求是市场营销的出发点。

（1）需要是指消费者的某些要求没有得到满足的状态。它强调的是人类的基本要求，如衣、食、住、行等。

（2）欲望是需要的派生，是指消费者受不同文化、社会环境等因素的影响，表现出来的对基本需要的特定追求。它强调的是个体差异性。

（3）需求是指消费者有能力购买且愿意购买某种产品的愿望。一般情况下，欲望是无节制的，而需求是有限的。例如，某人渴望出行时购买头等舱，体验顶级的航空服务，但他并没有相应的支付能力，因此这只能算是欲望，不能看作需求。

民航贴士

　　市场营销的主要任务是立足需要，激发欲望，满足需求。一般情况下，企业并不能创造消费者的需要，但能通过努力影响、激发消费者的欲望，再通过开发和销售特定产品来满足消费者的特定需求。这不仅是企业的目标，也是区分这三个概念的关键。

民航视窗

马斯洛需求层次理论

　　马斯洛需求层次理论是由美国心理学家亚伯拉罕·马斯洛于 1943 年提出的。该理论将人类的需求从低到高分为五个层次，并呈金字塔形分布，如图 1-2 所示。

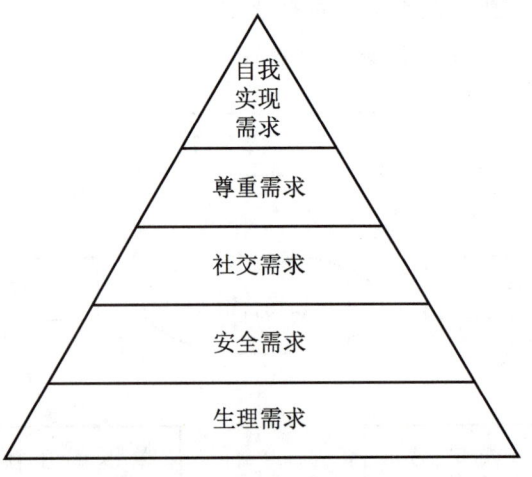

图 1-2　马斯洛需求层次理论

（1）生理需求。这是人们最基本、最强烈、最底层的需求，包括食物、水、空气、睡眠等。

（2）安全需求。当生理需求得到满足后，人们开始追求财产、工作、健康、家庭等方面的安全需求。

（3）社交需求。社交需求，又称"归属和爱的需求"，包括亲情、爱情、友情等方面的需求。人们渴望与他人建立关系，获得归属感，并希望在社会中得到认可。

（4）尊重需求。尊重需求包括自尊和来自他人的尊重。人们渴望拥有自尊、自信、成就感和声望，同时也希望得到他人的尊重、认可和关注。

（5）自我实现需求。这是最高层次的需求，是指人们追求发挥个人能力、达成个人目标的需求。

马斯洛认为，只有当较低层次的需求得到满足或部分满足时，人们才会追求更高层次的需求。但在某些特殊情况下，如追求事业成功的人可能会忽视生理需求和安全需求，直接追求尊重需求和自我实现需求。此外，每个人的需求层次受个体差异、文化背景、社会环境等因素的影响也会有所不同。

2. 产品

产品是指用来满足消费者需求的东西，包括有形产品和无形服务两大类。有形产品是指具有物理形态和可触摸性的产品，如汽车、电视、食品等，用以满足消费者的物质需求。无形服务是指那些不具有物理形态和不可触摸的服务，如售货服务、旅游服务、娱乐服务等，用以满足消费者的非物质需求。

有形产品和无形服务在现代经济中相互依存、相互促进。许多有形产品的销售需要配套的无形服务来提升消费者的满意度和忠诚度，无形服务的提供则需要借助有形产品作为辅助工具或平台。

需要注意的是，有形产品作为企业提供无形服务的工具时，消费者购买产品的最终目的是享受服务。例如，人们购买机票这种有形产品，是为了享受快速、便捷的远距离交通服务。

3. 效用、价值和满意

（1）效用是指消费者从产品中获得的利益。一种产品是否具有效用及能为消费者带来多少效用，一般取决于消费者的主观感受。例如，对于商务型旅客来说，快速、舒适的航班能使其准时参加重要的商务会议，从而带来高效用；对于休闲型旅客来说，提供美味餐饮及贴心服务的航班能使其心情愉悦，从而带来高效用。

（2）价值是指消费者为取得一定效用需要付出的购买成本。在决定购买某种产品时，消费者通常会搜集多方面的信息并进行比较和评价，然后对产品价值做出主观判断。当产品价格低于消费者愿意付出的购买成本时，交易更容易达成。

（3）满意是指消费者将产品的感知价值与自身期望值进行对比，进而所产生的愉悦

或失望情绪。当产品的感知价值高于自身期望值时，消费者会感到愉悦和满足；反之，则会感到失望和不满。

4. 交换和交易

（1）交换是指以提供某种产品作为回报，从别处取得所需产品的行为。只有完成产品交换、满足消费者需求时，市场营销才会出现。需要注意的是，交换不一定以货币为媒介，它可以采用以物易物的方式进行。

（2）交易是指以货币为媒介，对特定产品进行买卖的过程。交易是交换的组成部分，交易双方通过洽谈逐渐达成协议的过程称为在交换中，最终通过谈判达成协议称为交易。

5. 关系

关系是指企业与其经营活动有关的各种群体所形成的交易关系。为了长远的发展，企业应坚持以公平的价格、优质的产品、良好的服务进行交易，并借此与消费者等各种群体建立长期的互利互信关系。这些关系能使企业与相关群体构成一个市场营销网络，从而形成企业独有的一种无形资产。

三、市场营销理论

系统且有效的市场营销理论不仅可以指导企业制订具有前瞻性的市场营销策略，还可以助力企业在激烈的市场竞争中脱颖而出。

（一）4P 理论

4P 理论是市场营销中的经典理论，由美国市场营销专家杰罗姆·麦卡锡在其《基础营销》一书中提出。该理论将企业的市场营销归结为四个基本要素的组合，即产品（product）、价格（price）、渠道（place）和促销（promotion）。其主要内容如表 1-1 所示。

表 1-1　4P 理论的主要内容

序号	基本要素	主要内容
1	产品	产品是企业的核心竞争力，其质量是企业的信誉保障。因此，企业应根据市场反馈和竞争态势，开发出具有市场竞争力的优质产品，从而满足消费者的需求，实现自身的经营目标
2	价格	价格是影响消费者行为和市场需求的关键因素之一。如果产品价格得不到消费者的认可，则市场营销活动势必收效甚微。因此，企业在定价时既要考虑产品成本、利润等因素，又要考虑消费者的价格接受能力。具体来说，企业应从自身的战略目标出发，综合分析成本、供求关系、市场竞争、政府控制等因素，运用科学的方法确定产品价格

表 1-1（续）

序号	基本要素	主要内容
3	渠道	在市场经济条件下，企业大多是通过中间商将产品卖给消费者，这种产品流通路线称为分销渠道。分销渠道不仅是企业保证产品精准抵达市场的途径，更是企业构建竞争优势、实现市场扩张的关键所在
4	促销	促销是企业向消费者传递产品的相关信息，吸引、说服消费者购买产品的一种活动。促销能使消费者形成对企业和产品的偏好，增强消费者的购买意愿，从而提高产品销量和市场占有率

（二）4C 理论

4C 理论是由美国市场营销专家罗伯特·劳特朋于 1990 年提出的。该理论以消费者需求为导向提出了市场营销的四个基本要素，即消费者（consumer）、成本（cost）、便利（convenience）和沟通（communication），强调市场营销活动要从"以企业为中心"转向"以消费者为中心"。其主要内容如表 1-2 所示。

表 1-2　4C 理论的主要内容

序号	基本要素	主要内容
1	消费者	消费者是企业产品的购买者，能够切实满足消费者的欲望和需求的产品才能得到其认可。因此，企业应以消费者为中心，研究他们的欲望和需求，进而满足他们的欲望和需求
2	成本	对于消费者来说，其购买成本除货币外，还包括时间成本、精力成本等。对于企业来说，满足消费者的欲望和需求也需要付出大量的成本，如生产成本、销售成本等
3	便利	随着现代消费观念的改变，消费者更加注重购买产品的便利性。因此，最大限度地方便消费者是企业开展市场营销的关键。例如，机场在选择位置时，应着重考虑地理环境、交通网络完善度等因素，确保无论距离远近，都能使消费者乘坐高效、便捷的交通工具轻松抵达
4	沟通	在激烈的市场竞争中，企业与消费者进行有效沟通，能够及时了解消费者需求的变化，进而为其提供合适且优质的产品

（三）4R 理论

4R 理论是美国整合营销传播理论的鼻祖唐·舒尔茨在 4C 理论的基础上提出的。该理论阐述了四个全新的市场营销要素，即关联（relevance）、反应（reaction）、关系（relation）、回报（return），强调在满足消费者需求的同时使企业获利。其主要内容如表 1-3 所示。

表 1-3　4R 理论的主要内容

序号	基本要素	主要内容
1	关联	在充满竞争的市场环境中，消费者往往具有不稳定性，其对企业的忠诚度是不断变化的。要想赢得消费者长期稳定的支持，企业必须与其保持紧密的联系
2	反应	面对瞬息万变的市场，企业要关注的关键问题是如何及时倾听消费者的心声和诉求，并迅速做出反应，满足他们的欲望和需求
3	关系	与消费者建立长期、稳定的关系是企业抢占市场的关键。也就是说，开展市场营销的落脚点是维护和管理客户关系
4	回报	获得回报是开展市场营销的出发点。企业开展市场营销的真正目的是为企业带来收入和利润

同步案例

4R 理论的实际应用

某航空公司在经营过程中综合应用 4R 理论，并取得了显著成效。

（1）在航线规划上，该航空公司针对现代商务人士的高效出行需求，特别推出了"商务快线"服务，旨在为其提供高频次的航班。这体现了 4R 理论中的关联策略，通过与目标消费者保持紧密的联系，满足其特定需求。

（2）该航空公司紧密关注市场需求变化，并及时做出反应。例如，当发现旅客对宽体机型的需求增加时，该航空公司迅速调整航班计划，增加宽体机型的投入，以满足旅客对舒适度和载客量的需求。这体现了 4R 理论中的反应策略。

（3）该航空公司不仅设立了旅客沟通平台，鼓励旅客提出意见和建议，还推出了"航班延误无忧"服务，承诺在航班延误时提供相应的补偿和关怀。这体现了 4R 理论中的关系策略，通过与消费者建立信任关系，将其转化为企业的忠实拥护者。

（4）该航空公司通过优质的航线规划、贴心的旅客关怀等服务，树立了良好的品牌形象，赢得了广大消费者的口碑。这体现了 4R 理论中的回报策略，不仅为企业带来了短期的利润增长，更为企业的可持续发展奠定了基础。

（四）4V 理论

20 世纪 80 年代以后，随着高科技产业的迅速崛起及高技术产品的不断涌现，市场营销方式不断丰富和发展，形成了独具风格的新型理念。在此基础上，国内学者综合性地提出了 4V 理论，即差异化（variation）、功能化（versatility）、附加价值（value）、共鸣（vibration）。其主要内容如表 1-4 所示。

表1-4　4V理论的主要内容

序号	基本要素	主要内容
1	差异化	差异化是指企业能凭借自身的技术优势和管理优势,生产出性能、质量等均优于市场平均水平的产品,或通过特别的宣传活动、灵活的推销手段、周到的售后服务,在消费者心中树立起不同于其他企业的良好形象
2	功能化	功能化是指企业根据消费者的个性化需求,提供具有不同功能的系列化产品,满足消费者根据其消费习惯、经济能力等自主选择
3	附加价值	产品价值包括基本价值和附加价值两部分。随着生产技术的提高,劳动成本、资金成本等基本价值在产品价值中所占比例会逐步下降,而品牌、企业文化等附加价值在产品价值中所占比例会显著上升
4	共鸣	共鸣是指企业将其品牌、文化、创新能力等要素与消费者关注的价值联系起来,触发与消费者之间的情感互动,从而增强消费者对企业的认同和依赖

民航贴士

　　4P理论是从企业的角度考虑问题,提供了最初的市场营销基本框架;4C理论是从消费者的角度考虑问题,与4P理论一样都是对市场营销要素进行了静态描述;4R理论是以竞争为导向,提出了新的市场营销框架,体现并落实了关系营销的思想;4V理论则强调了企业的核心竞争力,与4R理论一样都是对传统市场营销理论的进一步创新与发展。

四、市场营销观念

　　市场营销观念是指企业在一定的时期、生产技术和市场环境下,开展全部市场营销活动的指导思想和行为准则。它的主要内容包括企业以什么为中心,如何正确处理社会、消费者和企业的关系,用什么指导市场营销活动的开展,等等。

(一)传统市场营销观念

　　传统市场营销观念是在卖方市场条件下和市场从卖方市场向买方市场转变的过程中形成的,主要表现形式有生产观念、产品观念和推销观念。

1. 生产观念

　　20世纪20年代以前,企业的生产发展尚不能满足市场需求的增长,大多数产品供不应求。因此,企业无须担忧产品销路,只要在扩大生产、提高产量、降低成本的基础上,就可以获得巨额利润。在这种卖方市场条件下,生产观念应运而生。

　　生产观念是最早用于指导企业开展市场营销活动的市场营销观念之一。其基本特征是以产定销,即企业生产什么就卖什么,生产多少就卖多少。在这一观念下,企业不用考虑消费者的需求,自身擅长生产什么就卖什么。

2. 产品观念

产品观念和生产观念是同一时期产生的两种不同的市场营销观念。但从本质上讲，产品观念也是在以生产者为核心的卖方市场条件下产生的。

与只重视产品产量的生产观念相比，产品观念更重视产品的质量、性能等，认为消费者喜欢那些质量好、功能齐全、价格合理的产品。因此，企业无须大力推销，只要保证产品物美价廉，就有消费者自己找上门，正所谓"酒香不怕巷子深""皇帝的女儿不愁嫁"。

但一味地奉行产品观念，企业容易陷入市场营销近视症的误区，即把主要精力都放在技术研发上，只关注产品质量的提升，忽视消费者需求的变化。长此以往，企业必然会失去核心竞争力，进而丢掉市场。

民航贴士

市场营销近视症是市场营销专家西奥多·莱维特于 1960 年提出的。他认为，市场饱和并不会导致企业的目标市场萎缩，造成企业目标市场萎缩的真正原因是企业管理者目光短浅，不能根据消费者需求的变化选择合适的市场营销策略。

败于创新的
"王麻子"剪刀

3. 推销观念

推销观念是在卖方市场向买方市场过渡的时期产生的。20 世纪 30 年代至 40 年代，由于科技的进步，科学管理方式和大规模生产方式的推广，企业的产能大幅提高，产品种类也大幅增加，这使市场上部分产品出现了供过于求的局面。为了在市场上占据主导地位，企业在注重产品产量与质量的同时，竞相采用人员推销、广告推销等方式推销产品，引导消费者购买产品。

从本质上讲，推销观念仍属于以产定销的营销观念，其与生产观念的主要区别在于：前者以推销为中心，通过开拓市场、扩大销售来获利；后者以生产为中心，通过增加产量、降低成本来获利。

头脑风暴

相较于生产观念和产品观念，推销观念有了很大的进步，主要表现在哪些方面？随着社会的发展与生产技术的进步，推销观念会面临怎样的市场环境变化，还有哪些改进空间？

（二）现代市场营销观念

1. 市场营销观念

市场营销观念形成于 20 世纪 50 年代，是在激烈的市场竞争中产生的。它提出了一

种"以消费者需求为中心，以市场为出发点"的全新经营哲学，将企业的经营理念从"以产定销"转变为"以销定产"，具体表现为"消费者需要什么，我就卖什么""顾客就是上帝"。

市场营销观念的特点主要表现为消费者需求至上、市场定位决定成败、采用整体市场营销策略、注重长远利益四个互相关联的理念。

（1）市场营销的关键是满足消费者的真正需求，使其满意。倘若市场营销活动不能使消费者满意，则企业必将面临失败。

（2）任何企业都不可能兼顾整个市场和满足所有消费者的不同需求，只有选择若干力所能及的目标市场（见图1-3），并制订有针对性的市场营销策略，才能发挥自身优势，从而获利。因此，企业应把选择目标市场、明确市场定位作为自身发展的战略之一。

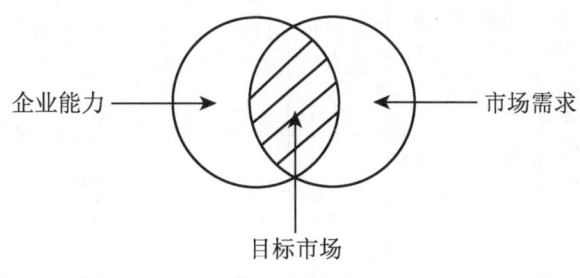

图1-3　选择目标市场

（3）市场营销观念与传统市场营销观念不同的是，传统市场营销观念往往仅突出市场营销活动的某一方面。例如，生产观念只注重产品产量和生产成本，推销观念则强调利用推销手段；而市场营销观念主张从产品的设计、包装、定价、促销、分销等多个方面入手，采用综合性市场营销策略。

（4）企业不应追求一时的产品利润，而应通过长期行为谋求长久经营和获取长远利益。也就是说，企业在销售产品时，不应先考虑利润再考虑消费者需求，而应先观察产品对满足消费者需求有什么效用，然后根据消费者需求被满足的程度确定产品的研发思路及企业的长期发展路线。

2. 社会营销观念

20世纪70年代，随着各类资源短缺、环境污染等问题日益严重，社会经济环境面临着巨大挑战。同时，市场营销观念也在发展过程中暴露了一些问题，如假冒伪劣产品、虚假广告等。这些问题的出现引起了消费者的强烈不满，因此，许多国家制定了相关法律法规，倡导全社会共同抵制和谴责商业欺诈及不健康、不安全、不文明的消费行为。在这一背景下，社会营销观念应运而生。

社会营销观念是对市场营销观念的修正和补充，是指企业在开展市场营销活动时，要从消费者需求和自身条件出发，既满足消费者需求，又符合消费者利益、企业自身利益和社会长远利益。它强调企业在追求经济效益的同时，应平衡好社会、消费者和自身

之间的利益，并以维护和促进全社会的利益和发展为最高目标，积极履行社会责任。

民航视窗 ···

现代市场营销观念与传统市场营销观念的区别

现代市场营销观念的产生与发展是对传统市场营销观念的重大变革，两者的区别具体如表 1-5 所示。

表 1-5　现代市场营销观念与传统市场营销观念的区别

营销观念	内容	出发点	导向	方法	目的
现代市场营销观念	企业应通过调查与分析，了解消费者需求的变化，进而决定生产什么、生产多少及产品价格（即以销定产）	消费者需求	以市场为导向	整体市场营销策略	通过使消费者满意获得利润
传统市场营销观念	企业只需要根据自身特点决定生产什么、生产多少及产品价格（即以产定销）	企业自身特点	以生产为导向	单一市场营销策略（推销与促销）	通过提高销量获得利润

 ## 任务实施

分享不同行业的市场营销活动实例

全班学生以小组（6~8 人）为单位，每组搜集不同行业的市场营销活动实例，然后结合所学知识，完成以下任务。

（1）分析市场营销活动实例中不同市场营销理论的具体应用及成效，讨论哪些因素促进了企业的成功，哪些因素可能是潜在的挑战或改进点。

（2）基于讨论结果，确定本组展示的核心内容及形式。其中，展示形式包括但不限于演示文稿、个人讲述、小组演绎等。

（3）派代表在课堂上进行 5 分钟左右的展示。

（4）展示结束后，各小组成员谈一谈自己的感悟。

 ## 任务评价

各小组成员可参考表 1-6 所列的评价标准对任务实施环节的具体表现进行评价，并请指导教师进行点评。

表 1-6 任务实施评价表

评价内容	评价标准	分值	评价分数	
			自评	师评
准备工作（30分）	搜集的市场营销活动实例丰富多样，具有代表性	15		
	充分掌握相关市场营销理论，并对市场营销活动实例进行初步分析	15		
技能实操（50分）	熟练应用多种信息检索方法	15		
	深入分析市场营销活动实例中应用的市场营销理论	15		
	准确指出促进企业成功的因素，并给出充分理由	20		
成果呈现（20分）	展示内容紧扣主题，逻辑性强，信息准确全面	10		
	展示形式新颖，能够吸引同学们的注意力	10		
合计		100		
总评	自评（30%）+师评（70%）=	教师（签名）：		

任务二 熟悉民航市场营销

任务导入

延安机场创新开展暑期市场营销

为了抢抓暑期旅游黄金季，深挖市场的潜在消费者，延安南泥湾机场（以下简称"延安机场"）组织营销团队深入县乡开展下沉市场营销活动的同时，积极组织"夏季文化旅游消费季"活动，以满足不同旅客的出行需求。

在下沉市场营销活动的开展过程中，营销团队走进了甘泉县、子长市，通过采取展架讲解、视频展示、游戏互动等方式，与当地政企单位携手合作，共同策划了"乡村启航"产品推广活动。例如，在甘泉县与当地文旅局、招商局、甘泉大峡谷景区等单位，携手推出"航空+研学""航空+首乘"等暑期系列产品，并在人口流动较大的几个广场介绍了产品的具体内容；在子长市对接媒体、矿业公司等单位，就"航空+文旅"产品开发和联合营销达成合作意向。

在"夏季文化旅游消费季"活动现场，延安机场发布了"航空+景区免门票""优享餐食""航空+演出优惠""航空+酒店优惠""延安始发立减券""拥军优属"等六项暑期惠民产品，让本地市民和外地旅客共同感受延安的独特魅力。此外，针对

不同的旅客群体，延安机场还举办了"童趣飞扬，梦想启航"亲子开放日活动、"飞梦启航，青春畅游"主题活动、"圣地劳动颂"惠民活动等，以满足他们的不同需求。

（资料来源：张彤，《延安机场创新开展暑期市场营销》，中国民航网，

2024 年 7 月 17 日）

? 延安机场在暑期创新开展了哪些市场营销活动？

一、民航市场营销的含义及作用

民航市场是一个复杂且充满活力的市场，涉及航空运输的各个方面，包括旅客运输、货物运输、航空器制造与维护等。民航市场营销是指民航企业通过创造产品，并与消费者交换产品及产品价值，以满足消费者需求的过程。

民航企业包括但不限于航空公司、机场运营商、航空维修与制造企业等。其中，航空公司和机场运营商是人们所熟知的民航企业，它们按照不同的分类标准可以进一步细分为多种类型。随着全球民航业的不断发展，民航企业的数量和类型也在不断增加和变化。

民航市场营销在民航企业的经营过程中发挥着举足轻重的作用。通过精准分析市场需求、塑造品牌形象、实施差异化市场营销策略等，民航市场营销不仅能促进民航产品的销售增长，还能提升民航企业的市场竞争力，从而确保民航企业在激烈的市场竞争中稳健前行，实现可持续发展。

二、民航市场营销的主要内容

（一）民航市场细分及目标市场选择

通过深入洞察消费者的行为及偏好，民航企业可以将整个民航市场细分为若干个子市场。这一过程有助于民航企业了解每个细分市场中消费者的独特需求，进而实施个性化服务和定制化市场营销策略。

在选择目标市场时，民航企业不仅要关注消费者需求的变化，还要深入剖析市场竞争环境，以识别竞争者的强弱项，明确自身的竞争优势。此外，民航企业还要考虑目标市场的稳定性与成长性，确保所选市场能够支撑企业的可持续发展。

（二）民航市场营销的产品策略

在民航市场，产品与产品组合是各个民航企业核心竞争力的体现。民航企业可以通过提供多样化的产品与产品组合，满足不同消费群体的个性化需求。例如，机场通过提供丰富的餐饮服务、免费休息室等方式来吸引消费者。此外，民航企业还应紧跟行业趋势，

"南航"快乐高尔夫

不断推出新产品，保持市场竞争活力。

（三）民航市场营销的价格策略

民航市场营销的价格策略是指民航企业根据市场需求、竞争状况、成本结构、利润目标等因素，合理确定产品价格的过程。这一策略不仅影响民航企业的盈利能力和市场竞争力，还直接关系到消费者的购买决策与市场的供求平衡。因此，民航企业需要全面考量各种影响因素，合理地使用价格策略，使价格成为其传递产品质量的有效信号。

（四）民航市场营销的分销策略

民航市场营销的分销策略是指民航企业为了将产品传递给消费者，扩大销售规模，实现经营目标而采取的一系列措施。这一策略的制订和实施对于民航企业的市场渗透、品牌推广、经济效益、客户关系管理等都具有重要影响。

（五）民航市场营销的促销策略

民航市场营销的促销策略是民航企业吸引消费者、提升市场份额的关键。这一策略旨在通过广告、人员推销、营业推广、公共关系等多样化方式，全方位提升民航企业的市场曝光度，精准捕捉潜在消费者，并引导他们购买企业的产品。

同步案例

某航空公司的市场营销策略

为了在激烈的市场竞争中脱颖而出，某航空公司精心制订了全面的市场营销策略。

（1）在民航市场细分及目标市场的选择上，该航空公司聚焦于高科技行业从业人员及环保意识较强的年轻旅客，并针对他们的特定需求，不断优化服务品质，提升乘机体验。

（2）在市场营销产品策略上，该航空公司针对目标旅客群体推出了"科技绿途"专属旅行套餐，包括高速 Wi-Fi、个性化智能娱乐系统、环保材料制作的客舱用品等，同时满足科技精英与环保青年的双重需求。

（3）在市场营销价格策略上，该航空公司采用灵活的定价机制，结合市场需求与竞争态势，推出会员优惠、"早鸟"折扣、环保出行奖励等价格方案，既保证了成本效益，又提升了旅客的忠诚度。

（4）在市场营销分销策略上，该航空公司充分利用线上线下多渠道优势。线上通过官网、App 及社交媒体平台提供便捷的购票、值机服务，线下与旅行社、酒店等第三方主体建立合作关系，拓宽分销渠道，提升市场覆盖率。

（5）在市场营销促销策略上，该航空公司创新营销手段，通过举办"绿色飞行挑战赛"等活动，鼓励旅客参与环保活动并分享至社交媒体，赢取免费机票或环保礼品。此外，该航空公司还定期推出主题航班，如"科技探索之旅""绿色地球日"等，以吸引目标旅客群体，增强品牌影响力。

三、民航市场营销的发展趋势

（一）数字营销

数字营销是指民航企业利用数字化平台，通过数字化的沟通和推广方式实现经营目标的一种营销方式。它涵盖了社交媒体营销、电子邮件营销、视频营销（如短视频、网络直播）等数字化营销手段。

数字营销基于"技术+数据"的双重驱动，为消费者提供产品并满足其欲望和需求。其中，数据是从消费者在数字化平台的真实互动行为中得到的。因此，在数字营销时代，消费者有更多的话语权。

民航视窗

民航客票的电子化发展

随着互联网的发展与普及，中国南方航空股份有限公司（以下简称"南方航空"）于 2000 年 3 月 28 日成功推出了国内首张"B2C"模式的电子客票。这一举措拉开了中国民航电子客票时代的序幕。

对于旅客而言，电子客票的推出不仅打破了传统购票方式上时间与空间的限制，还极大地简化了登机流程，让旅客出行变得更加轻松和便捷。一方面，旅客足不出户，即可通过官网、App、微信小程序等渠道，随时随地完成机票的查询、预订等流程。另一方面，旅客仅凭有效身份证件及电子客票的订单信息，即可在机场自助设备或柜台快速完成值机手续，大大提升了出行效率。

对于航空公司而言，电子客票的推出，方便其通过数据进行挖掘和分析，进而更好地掌握旅客的出行需求和消费习惯，从而为精准营销与个性化服务提供有力支持。同时，电子客票有助于降低纸张消耗与资源浪费，减少航空公司的运营负担，推动民航业向绿色、低碳、可持续的发展方向迈进。

（二）服务营销

服务营销是指民航企业通过充分关注消费者需求并为其提供优质服务，来建立市场竞争优势、实现业务增长的一种营销方式。它强调以消费者为中心，通过为其提供超越

期望的服务体验，实现与消费者之间的价值共创与双赢。

民航业是高度依赖消费者满意度和忠诚度的服务性行业。因此，民航企业应利用航线网络、地面服务等资源，精准对接消费者需求，为其提供便捷转机、接送等个性化服务。同时，民航企业还应加强员工培训，提升服务质量，确保每位消费者都能享受卓越的服务体验。

（三）关系营销

在激烈的市场竞争中，民航企业仅凭一己之力获得大量的优质消费者、占据足够的市场资源是很困难的。因此，民航企业可通过与利益相关者建立良好的协作关系，构建自己的营销网络，以提升市场竞争力和消费者的忠诚度。

例如，某航空公司通过联合酒店、租车公司、景点等旅游产业链上的合作伙伴，推出诸如"机票+酒店""机票+租车"等打包优惠套餐，为旅客提供便捷的旅行服务，增强产品的吸引力与竞争力。

（四）体验营销

体验营销是指民航企业通过营造特定氛围、设计一系列活动等手段，促使消费者主动参与、体验的一种营销方式。这种营销方式在于缩小消费者与民航企业之间的距离，通过创造独特的消费体验来增强消费者对品牌的认知和忠诚度。

例如，某航空公司通过与"功夫熊猫"合作，推出"功夫熊猫"系列航班，吸引了一大批热爱涂鸦、绘画、设计及喜爱"功夫熊猫"IP的旅客。此外，该航空公司还在飞机上提供与"功夫熊猫"联名的特色纪念品，提升旅客的飞行体验。

（五）绿色营销

面对全球环境污染加剧、生态严重失衡的挑战，人们愈加渴望与自然和谐共生。在这一背景下，绿色、环保成为民航业发展的主旋律。

绿色营销的核心在于实现消费者需求、民航企业经济效益、社会环境保护三大要素的有机融合。因此，民航企业应积极制订并实施环保策略，全面融入绿色、节约的环保理念，在确保经济效益与提供优质服务的同时，积极引入先进的民航技术和清洁能源，有效减少碳排放，推动民航业绿色经济的繁荣与发展。

 **任务实施**

调查民航企业的市场营销行为

全班学生以小组（6～8人）为单位，每组任意选择一家民航企业，然后结合所学知识，完成以下任务。

（1）搜集所选民航企业开展某次市场营销活动的详细资料，包括背景、过程、效果等。

（2）对搜集到的资料进行整理和分析，讨论调查结果并撰写调查报告。

（3）根据调查报告制作一份演示文稿，然后派代表在课堂上进行 5 分钟左右的汇报。

（4）汇报结束后，教师和其他小组可以提问或发表意见。

 任务评价

各小组成员可参考表 1-7 所列的评价标准对任务实施环节的具体表现进行评价，并请指导教师进行点评。

表 1-7　任务实施评价表

评价内容	评价标准	分值	评价分数	
			自评	师评
准备工作（30分）	任务分配均衡，分工明确	15		
	熟悉相关知识，并对所选民航企业有初步了解	15		
技能实操（50分）	整理搜集到的资料，筛选有效信息	15		
	运用所学知识，提出独到见解	15		
	及时撰写调查报告，并确保调查报告结构清晰、内容翔实	20		
成果呈现（20分）	演示文稿设计美观，内容排版合理	10		
	汇报重点突出，条理清晰、详略得当	10		
合计		100		
总评	自评（30%）+师评（70%）=		教师（签名）：	

项目考核

一、单项选择题

1．"酒香不怕巷子深"是（　　）的具体体现。

　　A．生产观念 　　　　　　　　B．产品观念

　　C．市场营销观念 　　　　　　D．推销观念

2.（　　）是指消费者有能力购买且愿意购买某种产品的愿望。

    A．欲望　　　　　　　　　　　　B．需要

    C．愿望　　　　　　　　　　　　D．需求

3．马斯洛需求层次理论的最高层次需求是（　　）。

    A．生理需求　　　　　　　　　　B．安全需求

    C．社交需求　　　　　　　　　　D．自我实现需求

4．（　　）是指消费者从产品中获得的利益。

    A．价值　　　　　　　　　　　　B．满意

    C．效用　　　　　　　　　　　　D．满足

5．社会营销观念强调的是（　　）。

    A．企业利益　　　　　　　　　　B．消费者利益

    C．社会利益　　　　　　　　　　D．企业、消费者和社会的整体利益

二、多项选择题

1．市场是（　　）的总和。

    A．人口　　　　　　　　　　　　B．产品

    C．购买力　　　　　　　　　　　D．购买欲望

2．4P理论的市场营销要素包括（　　）。

    A．产品　　　　　　　　　　　　B．价格

    C．渠道　　　　　　　　　　　　D．促销

3．传统市场营销观念包括（　　）。

    A．生产观念　　　　　　　　　　B．产品观念

    C．市场营销观念　　　　　　　　D．推销观念

4．现代市场营销观念的特点包括（　　）。

    A．以销定产　　　　　　　　　　B．单一市场营销策略

    C．以产定销　　　　　　　　　　D．整体市场营销策略

5．民航市场营销的发展趋势包括（　　）。

    A．数字营销　　　　　　　　　　B．服务营销

    C．体验营销　　　　　　　　　　D．绿色营销

三、简答题

1．简述市场的内涵及构成要素。

2．简述现代市场营销观念与传统市场营销观念的区别。

3．简述民航市场营销的含义及主要内容。

四、案例分析题

南方航空市场营销策略的创新

在电子商务浪潮的推动下，南方航空积极拥抱数字化变革，将微信这一主流社交平台深度融入其市场营销战略中，开创了一系列创新服务模式。

1. 微信平台引领航空服务革新

2013年1月30日，南方航空推出了微信值机服务，方便旅客通过微信平台轻松办理值机手续，大大减少了旅客在机场排队等待的时间。此后，南方航空还将微信线上支付方式嵌入其官网、App、公众号等多个渠道，简化了支付流程，让旅客享受数字化时代带来的便捷与高效。

2. "微客服"提供全天候服务

2014年8月1日，南方航空正式推出了"微客服"服务。通过"微客服"，旅客可以随时随地获得即时票务处理、特殊服务申请、会员服务咨询等一站式服务。此外，"微客服"还能有效搜集旅客的意见和建议，从而推动公司不断优化服务流程，提升服务质量。

3. 微信小程序打造轻量级服务体验

2017年，南方航空紧跟技术潮流，推出了微信小程序。这一举措打破了传统App下载安装的烦琐流程，为旅客带来了前所未有的轻量级服务体验。通过微信小程序，旅客不需要占用手机存储空间，即可轻松享受与App同等丰富且便捷的服务功能，如机票预订、航班查询、在线选座、行李追踪等。

4. 二维码技术链接多元服务生态

一方面，南方航空将二维码技术融入乘机安全教育、机场服务指引、航班信息推送等多个关键场景，为旅客打造了一个全方位、多维度的信息获取与服务体验平台。另一方面，南方航空通过二维码技术，将航空服务延伸至第三方商业领域，联合众多商家为旅客提供免费充电、优惠购物等增值服务。

（资料来源：白杨，《航空运输市场营销学》，科学出版社，2021年）

你认为民航企业利用微信开展市场营销具有哪些优势？

项目二

全面考察
——民航市场营销的调查与分析

🎯 **学习目标**

知识目标

（1）了解民航市场营销的调查内容、调查方法和调查步骤。

（2）熟悉民航市场的宏观营销环境和微观营销环境，以及营销环境分析方法。

（3）熟悉民航市场的需求与消费者行为。

技能目标

（1）能够结合实际，开展民航市场营销调查与分析活动。

（2）能够根据民航市场营销环境的分析结果，制订市场营销策略。

（3）能够从不同视角分析民航市场的需求与消费者行为，发现新的市场机会。

素养目标

（1）培养批判性思维，在复杂多变的市场环境中做出合理的判断。

（2）培养数据分析能力，养成全面看待问题的习惯。

 了解民航市场营销的调查

 任务导入

爬虫技术在民航业数据搜集方面的应用

爬虫技术是一种能自动浏览网页并提取相关数据信息的应用程序。民航企业可以利用该技术，从民航订票网站、机场信息网站等多个渠道，自动抓取公开数据信息（如航班的出发地、起飞时间、票价、舱位余量等），为市场营销规划提供数据支持。同时，为了避免信息冗余，民航企业也可以利用爬虫技术对原始数据进行清洗、提取和转换，剔除无用信息，提升数据质量。

此外，民航企业还可以利用爬虫技术自动更新数据，确保所掌握的信息始终保持在最新、最准确的状态，帮助企业深入挖掘历史数据与当前市场的内在联系，精准分析、预测市场的变化趋势。例如，通过分析不同季节、节假日期间航班需求的周期性变化规律，航空公司可以预测未来航班需求、科学规划航班班次、灵活调配运力资源、制订合理的票价等。

? 除了爬虫技术，民航企业在开展市场营销调查时还可利用哪些工具？

一、民航市场营销的调查内容

民航市场营销的调查内容十分广泛，主要涉及市场需求情况调查、市场营销环境调查和市场营销策略调查三个方面。

（一）市场需求状况调查

民航市场营销调查的首要任务是了解市场的需求状况。调查内容主要包括消费者的规模、购买动机、购买行为等。同时，民航企业还要密切关注消费者需求的变化趋势，特别是消费者对服务质量、个性化飞行体验、环保出行理念等方面的新需求，以便及时调整市场营销策略。

（二）市场营销环境调查

市场营销环境是影响民航企业市场营销活动的、不可控制的各种外部因素的总和。为了达到最佳的营销效果，民航企业需要保持高度警觉，密切关注市场营销环境的变化，敏锐捕捉市场营销环境变化带来的机遇与挑战。通过深入的市场营销环境调查，民

航企业能够更好地认知、适应并巧妙地利用环境，为市场营销策略的制订与执行奠定坚实基础。

（三）市场营销策略调查

市场营销策略调查主要是调查民航企业及其竞争者在产品布局、定价机制、分销渠道、促销手段等方面的策略，旨在全面把握民航企业及其竞争者实施各种市场营销策略的成效与现存挑战。通过市场营销策略调查，民航企业可以有针对性地优化市场营销策略组合，增强市场竞争力。

二、民航市场营销的调查方法

为了深入了解市场需求、营销环境、消费者行为等资料，民航企业需要选择合适的调查方法，从而为制订有效的市场营销策略提供依据。常用的民航市场营销调查方法包括实地调查法和网络调查法两大类。

（一）实地调查法

实地调查法是指调查人员深入调查现场，与调查对象直接接触，并利用询问、观察、实验等方式展开调查的一种方法。它主要包括询问法、观察法和实验法。

1. 询问法

询问法是指调查人员按照预先准备好的调查提纲、表格等，通过口头、书面等形式向调查对象了解情况、搜集资料的一种调查方法。它包括面谈法、邮寄法和留置问卷法。

（1）面谈法是指调查人员直接与调查对象进行面对面的、有针对性的交谈，以获取所需资料的一种调查方法。

（2）邮寄法是指调查人员将设计好的调查问卷、表格等直接邮寄给调查对象，由调查对象填写后寄还的一种调查方法。

（3）留置问卷法是指调查人员将调查问卷、表格等当面交给调查对象，在调查人员说明填写要求后，由调查对象自行填写，再由调查人员按期收回的一种调查方法。

2. 观察法

观察法是指调查人员直接到调查现场对调查对象进行观察并记录相关信息，以获取所需资料的一种调查方法。它包括行为观察法和实际痕迹观察法。

1）行为观察法

行为观察法是指调查人员通过观察调查对象在购物、使用产品等过程中的具体行为，分析其心理、偏好、习惯的一种调查方法。例如，机场通过观察旅客使用机场自助设备（如自助值机设备、自助行李托运设备等）的情况，可以了解设备的易用性、旅客的接受程度及

观察法的优缺点

设备可能存在的问题，从而为机场地面服务的改进和设备优化提供依据。

2）实际痕迹观察法

实际痕迹观察法是指调查人员通过观察调查对象某些行为留下的痕迹而得出结论的一种调查方法。例如，航空公司通过观察旅客选择餐食的种类、用餐时的表情、剩余食物量等细节，分析他们对空中餐饮服务的满意度。

3．实验法

实验法是指调查人员根据调查目的有意识地控制、改变一个或若干个变量，通过观察、分析这些变量对其他变量的影响，揭示各个变量之间因果关系的一种调查方法。它包括事后实验法和事前事后实验法。

1）事后实验法

事后实验法是指调查人员选择两组条件相同或相似的调查对象（一组为实验组，一组为对照组），只改变实验组的自变量，以评估该自变量对其他变量影响的一种调查方法。该方法重点关注实验后的结果，不涉及实验前的数据分析。例如，某航空公司评估新餐饮服务对旅客满意度的影响时，选择一部分航班作为实验组提供新服务，部分航班作为对照组维持原服务，一段时间后，对比分析两组旅客满意度的变化即可。

2）事前事后实验法

事前事后实验法是指调查人员仅选择一组调查对象，在实验前后分别测量调查对象变化情况的一种调查方法。例如，某航空公司测试新预订系统对旅客预订效率的影响时，先测量使用旧系统时旅客预订航班所需的时间，引入新预订系统后，再测量使用新系统时旅客预订航班所需的时间，然后对比分析旅客预订效率的变化。

事后实验法与事前事后实验法的优势、劣势及实际应用场景分别有哪些？

事后实验法
与事前事后实验法

（二）网络调查法

网络调查法是指调查人员在网络上发布调查信息，并在网上搜集、记录、整理、分析和公布调查对象反馈信息的一种方法。

1．网络调查法的分类

1）网络问卷调查法

网络问卷调查法是指调查人员将设计好的电子问卷发布在网上，由调查对象通过网络进行填写的一种调查方法。它包括站点法和电子邮件法。

站点法是指调查人员将电子问卷发布在特定网站（如问卷星、腾讯问卷等）上，由调查对象自愿填写的一种调查方法。电子邮件法是指调查人员通过电子邮件将调查问卷

发送给特定调查对象，由其在线填写并提交后可自动返回指定邮箱的一种调查方法。一般情况下，电子邮件法的针对性较强，但调查问卷很可能被当成垃圾邮件直接拦截。

2）网上讨论调查法

网上讨论调查法是指调查人员组织调查对象，通过论坛、视频或音频会议等网络平台参与讨论，并发布各自观点和意见的一种调查方法。该方法具有跨地域、实时互动、参与度高等特点，且能搜集大量的一手资料，深入了解调查对象的真实想法和感受。

3）弹出式调查法

弹出式调查法是指在调查对象访问网站的过程中，自动弹出调查窗口邀请调查对象参与调查的一种方法。调查对象如果有兴趣且愿意参与调查，单击窗口中的"是"或类似选项，完成问卷后便可在线提交。

2. 网络调查法的优缺点

1）网络调查法的优点

（1）成本低。相对于传统的实地调查法，网络调查法可以节约大量的时间、人力、交通等成本。

（2）效率高。由于网络传播速度快、范围广，网络调查法可以在短时间内搜集大量资料。

（3）互动性强。在网络上，调查对象可通过在线留言等形式就调查内容提出意见和建议，从而减少因调查内容设计不合理等问题引起的调查结果偏差。

（4）调查结果客观真实。在对调查内容感兴趣且自愿接受调查的情况下，调查对象回答问题时会相对客观，提供的反馈信息也更加真实。

（5）形式多样化。除了传统的文字、数字、图表外，网络调查法还可以通过音频、视频等形式，向调查对象传递各种信息。

2）网络调查法的缺点

（1）调查对象不完整。网络调查法只针对互联网用户，并不能代表整体意见。

（2）信息保密性低。网络调查过程中，调查对象往往会因为担心个人信息被泄露而拒绝回答相关问题或直接退出调查。

（3）技术依赖性高。网络调查法对网络技术的依赖性强，如果计算机受到病毒侵害，可能会出现数据丢失、隐私泄露等问题。

三、民航市场营销的调查步骤

民航市场营销调查是一个系统的过程，可分为准备阶段、实施阶段、分析阶段和总结阶段。

（一）准备阶段

1．明确调查目标

要保证民航市场营销调查的高效性，首要任务就是明确调查目标。例如，在评估新航班实施的可行性时，调查人员可以聚焦于"旅客对新航班的评价与购买意愿"这一核心目标，展开深入的调查与分析。

2．选择调查方法

民航企业应根据调查的实际情况和客观要求，选择最经济、高效的调查方法。同时，民航企业还要考虑所选调查方法是否能搜集到可靠的资料、是否能选择有代表性的调查对象等，从而确保调查结果的准确性和实用性。

3．制订调查计划

民航企业应根据自身的实际情况，合理安排调查人员，规划调查时间，确定调查内容，以确保调查工作高效有序进行。此外，民航企业还应深入评估调查预算的合理性及调查计划的可行性，要在保证调查质量的前提下，通过精细化的成本管理和高效的资源利用，实现调查成本与实际收益的最佳平衡。

4．设计调查方案

调查方案是指导民航企业开展市场营销调查的关键。在设计民航市场营销活动的调查方案时，民航企业应注意以下几点。

（1）确保调查目标具体、明确，能直接反映民航企业面临的实际问题。

（2）选择具有代表性的调查对象，确保其能全面反映调查总体的特征。

（3）选择科学合理的调查方法，确保资料搜集的有效性和准确性。

（4）保护调查对象的隐私和权益，确保调查过程的合法性和道德性。

（5）建立高效的信息反馈机制，确保调查结果的时效性，便于企业基于最新的市场信息及时调整市场营销策略。

（二）实施阶段

1．搜集资料

调查资料是民航企业进行市场分析的重要依据，也是推动民航企业制订战略规划、优化资源配置、提高服务质量的关键要素。搜集调查资料的渠道十分广泛，如企业内部系统和数据库、第三方相关报告、政府监管机构公布的民航数据等。

2．整理资料

民航企业通过各种渠道搜集到的调查资料，不可避免地存在部分与调查目标关联度不高的信息，甚至可能是虚假、错误的信息。因此，民航企业必须对搜集到的调查资料进行初步筛选与整理，如核实资料的准确性、审查资料的完整性、补充缺失资料、修正错误资料等。

（三）分析阶段

民航企业可运用相关方法对整理后的调查资料进行初步分析，并组织相关会议，围绕调查目标、资料分析结果等展开进一步的讨论和交流，然后形成统一的调查结果，为以后的经营决策、战略规划等提供依据。

（四）总结阶段

民航企业应根据最终的调查结果撰写完整的调查报告。调查报告是民航市场营销调查的最终成果，应做到清晰、准确、全面，从而确保信息的有效传递，为产品营销决策提供依据。一般情况下，调查报告的内容包括但不限于调查目的、调查方法、调查过程、调查结果等。

 **任务实施**

设计民航市场营销调查活动的问卷

全班学生以小组（6～8人）为单位，每组任意选择一家航空公司的市场营销活动进行深入分析，并为其设计一份调查问卷，具体要求如下。

（1）内容覆盖全面。问卷内容的设计要广泛覆盖调查对象的偏好、需求、行为模式等关键领域，确保所搜集的信息能全面反映调查对象对航空公司市场营销活动的整体看法与评价，包括满意度、改进空间、未来期待等。

（2）语言清晰易懂。问题表述简洁明了，逻辑结构清晰有序，确保每位调查对象都能轻松地理解问题，并据此做出真实的回答。

（3）问题设置灵活。问题类型应合理搭配封闭式问题与开放性问题。封闭式问题应提供全面且互不重叠的选项，便于调查对象快速定位并做出选择；开放性问题应鼓励调查对象分享更多的个人见解及宝贵建议，从而丰富调查数据的深度与广度。

 **任务评价**

各小组成员可参考表 2-1 所列的评价标准对任务实施环节的具体表现进行评价，并请指导教师进行点评。

表 2-1   任务实施评价表

评价内容	评价标准	分值	评价分数	
			自评	师评
准备工作（30分）	所选航空公司及其市场营销活动具有代表性	15		
	问卷结构设计合理，逻辑清晰	15		
技能实操（50分）	深入调查所选航空公司各方面的情况	15		
	有针对性地设计问卷问题，确保覆盖范围广泛	15		
	具备良好的应变能力和沟通技巧	20		
成果呈现（20分）	问卷格式规范，排版整齐，易于阅读	10		
	问卷设计有创新点	10		
合计		100		
总评	自评（30%）+师评（70%）=		教师（签名）：	

任务二 分析民航市场的营销环境

任务导入

高铁对民航企业的影响

在一定范围内，飞机与高铁是两种可以相互替代的交通方式。

一方面，高铁的出现对民航企业造成了一定的冲击，其影响程度主要取决于高铁的运行时长、频次、票价等关键因素。以运行时长为例，当运行时长在 4 小时以内时，高铁的便捷性、舒适度等相较于飞机具有明显的竞争优势，进而挤占了民航企业在短途旅行市场的部分份额。然而，当运行时长在 6 小时以上时，飞机则成为部分旅客长途出行的首选交通方式。

另一方面，高铁的出现也为民航企业的发展注入了新的活力。面对高铁的竞争压力，民航企业不得不更加关注市场营销环境的变化，紧跟高铁的建设步伐与运营动态，以灵活调整航线布局，优化航班频次，提高服务质量。这一过程不仅促进了民航企业的转型升级，也提升了民航企业的整体经济效益。

（资料来源：郭才森，《正确认识高铁对民航的影响》，《中国民航报》2019 年 11 月 14 日）

❓ 高铁的出现对民航企业有哪些影响？民航企业应当如何应对这些影响？

一、营销环境的构成

营销环境由一切影响、制约民航企业市场营销活动及经营目标实现的因素构成，是民航企业生存和发展的外部条件，对民航企业的经营具有重大影响。一般情况下，民航市场的营销环境包括宏观营销环境和微观营销环境两大类。

（一）宏观营销环境

宏观营销环境，又称"间接营销环境"，是指民航企业无法直接控制，但能对企业产生深远影响的社会因素与力量。它包括政治法律环境、经济环境、社会文化环境、科学技术环境、人口环境、自然环境等。

在宏观浪潮中扬帆的
"海航"

1. 政治法律环境

政治法律环境包括影响和制约民航企业市场营销活动的政府机构、法律法规及公众团体（如消费者组织、环境保护组织、行业协会）等。其中，政府机构主要采取法律手段干预民航企业的市场营销活动，公众团体主要通过发布公约、倡议等方式制约民航企业的经济行为。

1）政治环境

政治环境涵盖了国家政治制度、政府方针政策、外部政治形势等维度。国家政治制度决定了民航资源的分配与管理方式，财政补贴、税收优惠等政府方针政策影响了民航企业的市场营销策略规划，外部政治形势则限制了民航企业的跨境服务。在经营过程中，民航企业要保持高度的政治敏锐性，灵活调整市场营销策略，以应对复杂多变的政治环境，实现自身的可持续发展。

2）法律环境

法律环境涵盖了由国家主管部门及地方政府颁布的各项法律法规，如《中华人民共和国民用航空法》《中华人民共和国消费者权益保护法》等。这些法律法规直接关系到民航企业的日常运营与市场营销活动。

从立法目的来看，这些法律法规大致可分为以下三类：一是维护民航市场的公平竞争秩序，防止不正当竞争行为，确保民航企业能在公平的市场环境下展开竞争；二是保护消费者的合法权益，防止民航企业的不正当商业行为，如价格欺诈、服务缩水等；三是保护自然资源、环境等社会整体利益，防止民航企业因追求短期经济利益而忽视甚至损害社会整体利益。

民航贴士

政治法律环境是宏观营销环境中最具有强制约束力的影响因素。任何一家民航企业都必须严格遵守相关法律法规，密切关注政治形势变化，确保开展的市场营销活动符合国家政策导向。

2. 经济环境

经济环境是指民航企业在实施市场营销活动时面临的外部社会经济条件的总和。民航市场的规模大小主要取决于购买力的强弱，而这一关键指标主要受以下经济环境因素的影响。

1）国民经济发展水平

国民经济发展水平能反映一个国家在不同时期的社会经济规模，一般通过国民生产总值来表示。国民生产总值越高，表明该国的社会经济发展水平越高，民航市场需求也会越大。

由于我国经济发展呈现东强西弱的格局，相应的，我国东南部地区民航业的发展速度较快，机场数量较多，客流量较大。需要注意的是，民航企业在不同地区的盈利水平，并非绝对与当地经济发展水平成正比。

2）收入水平

收入水平是制约消费者购买力强弱的最直接因素。一般情况下，消费者会规划一定的可支配收入（即个人的全部收入减去支付税收部分后所剩下的收入），用于满足基本生活需求及多样化的消费选择。因此，民航企业可以通过剖析消费者的可支配收入水平，精准把握消费者的实际需求，从而制订有效的市场营销策略。

3）消费结构

消费结构是指在特定时期内，消费者对各类产品需求量的分布情况。收入水平是影响消费结构的重要因素之一。当收入水平一定时，消费者通常会根据需求的迫切性及重要性，优先满足最基本、最紧迫的消费需求。例如，出行时，消费者会优先考虑其能力范围内的出行方式，随后才会追求舒适度、出行效率等方面的需求。

3. 社会文化环境

社会文化环境是指在社会形态下形成的，已被社会广泛认可的各种行为规范的总和，包括风俗习惯、语言文化、宗教信仰、价值观念、审美取向等。这些行为规范共同影响着人们的思维方式和生活习惯，并间接地作用于民航企业的市场营销活动。

一般情况下，民航企业的市场营销活动通常跨越不同的国家或地区。因此，在开展市场营销活动前，民航企业应全面了解、深入分析目标市场的社会文化环境，既要关注语言沟通的差异，确保信息传递准确无误，又要深刻理解、尊重各个地区在宗教信仰、饮食习惯等方面的差异，避免触碰文化禁忌，造成不必要的误解和冲突。例如，在我国

飞往西北地区的航班中，考虑到该地区的信仰，航空公司会根据部分旅客的需求为其提供清真餐饮服务。

4. 科学技术环境

科学技术环境是指影响民航企业研发新技术、开发新产品的一系列因素的总和。科学技术是一把双刃剑，既可能给民航企业带来颠覆性挑战，迫使其面临生存危机甚至被淘汰，也可能为那些勇于创新的民航企业开辟新的市场空间。因此，民航企业应密切关注科学技术的发展趋势，不断寻找新市场和预测新技术，以求开发出给消费者带来更多便利的新产品，抢占市场的制高点。

5. 人口环境

市场是由具有购买欲望和支付能力的消费者构成的，没有消费者的参与，市场便失去了存在的意义和价值。因此，民航企业开展市场营销时，应聚焦于人口数量、人口结构等人口环境的分析，制订差异化的市场营销策略，以更好地满足消费者需求并提升市场竞争力。

1）人口数量

一个国家或地区的人口数量决定了该国或地区的产品需求量，并间接影响着市场规模。我国是人口大国，庞大的人口基数为民航业带来了巨大的市场需求。

2）人口结构

人口结构涵盖了年龄结构、性别结构、民族结构、家庭结构、职业结构、教育程度结构等多个方面。以年龄结构为例，不同年龄段消费者的出行需求、服务偏好存在差异，如年轻群体更关注机票价格和服务便捷性，中老年群体更注重舒适度和服务质量。

3）人口的地理分布和迁移

人口的地理分布是指人口在不同地区的密集程度，主要受气候、地形等因素的影响。人口密度不同，市场规模自然也不同。例如，航空公司在规划航班、航线时，会充分考虑人口地理分布的特征，既满足消费者需求，又避免浪费运力资源。

人口迁移意味着市场需求的流动。以我国为例，我国人口迁移的方向主要表现为从农村到城市、从内地到沿海、从不发达地区到发达地区。因此，民航企业应根据我国人口迁移的变化，及时调整市场营销策略，如开辟新航线、调整机票价格等。

6. 自然环境

自然环境包括生态环境和自然资源两大类。其中，生态环境中的气候因素对民航企业有着最直接、显著的影响。例如，飞机飞行的高度往往受天气状况的限制，暴雨、雾霾等极端天气都不利于飞机的顺畅飞行。

近年来，全球自然资源日趋短缺，环境污染不断加剧，人们的环保意识也逐步增强。民航业是碳排放"大户"，民航企业必须主动探索替代能源，积极引入节能技术，创新推出节能减排产品，大力倡导绿色飞行。

（二）微观营销环境

微观营销环境，又称"直接营销环境"，是指与民航企业密切相关，能直接影响企业市场营销活动的各类因素的总和。它包括企业自身、供应商、中间商、消费者、竞争者、社会公众等。

1. 企业自身

民航企业自身的能力、资源、内部结构、企业文化等是其开展市场营销活动、制订市场营销策略的基石。为了在民航市场上保持竞争活力，民航企业应组建一支高效、专业、富有创新精神的营销团队，精准把握市场需求，以达到最佳的营销效果。

2. 供应商

供应商是指向民航企业提供原材料、设备、资金等关键生产经营要素的企业或个人。供应商供货的及时性、稳定性对民航企业的生产经营活动至关重要。例如，原油供应商的供应状况会影响航空公司的航班频次与运力规划，国际油价的波动会影响燃油附加费和机票价格。

为了有效应对原材料短缺、成本价格波动等因素带来的潜在风险，民航企业一方面应与核心供应商建立长期稳定的合作关系；另一方面应采取多元化的采购策略，通过与多家供应商合作，避免受到单一供应商的牵制。

3. 中间商

中间商是连接民航企业与消费者的重要桥梁，主要承担推广、销售产品的职能，如第三方机票代理机构。民航企业在选择中间商时，必须对其服务质量进行全面深入的评估，避免因中间商在服务过程中出现失误、违规操作等不当行为，损害自身的声誉和形象，进而引发消费者的不满与投诉。

民航视窗 •

中间商的类型

中间商主要分为代理中间商与经销中间商，两者均是通过协助民航企业销售、推广产品来获取相应的收益。但是，他们在多个层面上呈现显著的差异性，具体如表 2-2 所示。

表 2-2　代理中间商与经销中间商的差异

项目	代理中间商	经销中间商
与民航企业的关系	委托代理关系	买卖关系
利润来源	赚取佣金（提成）	获得经营利润（差价）
经营自主性	完全受民航企业的指导和限制	不受或很少受民航企业的限制

表 2-2（续）

项目	代理中间商	经销中间商
民航产品所有权	不拥有民航产品的所有权	拥有民航产品的所有权
独立性	不一定是独立机构	独立的经营机构
角色	以民航企业的名义从事销售活动	以自己的名义从事销售活动
售后服务与责任	民航企业承担	自己承担

4. 消费者

消费者是民航企业的服务对象，也是民航企业市场营销活动的核心和出发点。民航企业所有的市场营销活动本质上都是围绕消费者需求展开的。在民航消费领域中，最终的购买决策可能由单一主体独立完成，也可能由多元化主体分工合作完成。根据其在消费过程中所起的作用不同，消费者可分为使用者、决策者、影响者和购买者。

（1）使用者是指真正使用民航产品的人。在民航市场中，使用者一般是指乘机的旅客。

（2）决策者是指最终做出购买决策的人。决策者有权决定购买哪种民航产品、何时购买民航产品等。

（3）影响者是指有能力影响决策者做出消费决策的人，如知名专家、亲朋好友等。

（4）购买者是指与民航企业进行谈判并达成交易的人。

鉴于消费者在使用、决策、影响和购买过程中的不同角色，民航企业需要深入洞察并区分他们各自的需求和影响力，通过为其提供差异化、个性化的服务，增强消费者忠诚度，提高市场占有率。

 同步案例

识别消费者类型

小王是一家互联网公司的软件工程师，年收入稳定，具有一定的经济基础和消费能力。为庆祝结婚纪念日，他计划进行一次浪漫的旅行。但是，在面对旅游城市、航班、酒店等众多选择时，他感到非常困难。

在向他人寻求建议的过程中，小王发现同事们（影响者）普遍推荐那些拥有独特自然风光和丰富文化活动的城市作为旅行地；朋友们（影响者）则根据小王和妻子的共同爱好，推荐了一些适合夫妻出游的浪漫景点和特色酒店；而家人（影响者）则更关心旅行的安全性和舒适度，建议小王选择有良好口碑的航空公司和服务周到的旅行社。

经过一番权衡和考虑，小王（决策者、购买者）最终决定前往海滨城市旅行。他选择了一家评价高且服务周到的度假酒店，并预订了直飞该城市的航班。

在旅途中，小王（使用者）和妻子（使用者）不仅享受了海景和美食，还体验了当地的特色文化活动，度过了一个难忘的结婚纪念日。

5. 竞争者

竞争是市场发展的必然现象。一般情况下，某一民航企业不会独占市场，往往会面临众多生产相同或类似产品的竞争者在同一市场上开展市场营销活动的情况，其市场营销活动不可避免地会受到竞争者的干扰和影响。因此，民航企业应时刻关注竞争者的动态，适时调整市场营销策略，做到知己知彼。

市场竞争的结果通常表现为此消彼长，但民航企业可以通过与竞争者建立合作联盟的方式，共享资源，降低成本，实现共赢。例如，机场集团可以与高铁公司合作，解决机场与高铁站之间的衔接问题，为旅客出行带来便利；国内航空公司可以与国外航空公司合作，共建航空联盟，从而拓展国际航空市场，增强国际竞争力。

6. 社会公众

社会公众是指在市场营销活动中，与民航企业有实际或潜在利害关系的团体或个人，主要包括银行、证券公司等金融机构，广播、电视等媒体，政府部门，社区团体，居民，等等。

社会公众对民航企业的态度，既能帮助企业树立良好的形象，也可能成为企业发展的绊脚石。因此，民航企业必须正确处理与社会公众的关系，争取社会公众的支持，为企业的市场营销活动及长远发展铺路通车。

民航视窗

波特五力模型

波特五力模型是迈克尔·波特于 20 世纪 80 年代初提出的。该模型认为，行业中存在着影响企业营销战略规划和竞争力的五种基本力量，具体如下。

（1）供应商的议价能力。供应商主要通过提高供应品价格的能力，影响企业的盈利能力和产品的竞争力。

（2）购买者的议价能力。购买者主要通过压低产品价格、要求更高质量产品的能力，挤占企业的盈利空间。

（3）新进入者的威胁。新进入者给行业带来资源的同时，也会瓜分企业的市场份额，降低企业的盈利水平，甚至危及个别企业的生存。

（4）替代品的威胁。不同行业的企业可能会因为其所生产的产品互为替代品而形成相互竞争关系。

（5）同业竞争者的竞争程度。在激烈的市场竞争中，企业必须拥有独特的竞争优势，以区别于竞争者，才能在市场中占据有利地位。

二、营销环境的分析

在影响营销环境的众多因素中，对民航企业经营有利的因素称为机会，对民航企业经营不利的因素称为威胁。民航企业应通过分析营销环境来抓住机会、避开或减小威胁，以达到最好的营销效果。

分析营销环境时，民航企业需要先对外部环境进行调查研究，明确其现状和变化趋势，然后找出对企业发展有利的机会及可能存在的威胁，从而根据自身的条件做出相应对策。常用的营销环境分析方法有列表评价法、矩阵分析法和 SWOT 分析法三种。

（一）列表评价法

一般情况下，机会与威胁发生的概率不固定，其产生的影响程度也不同。为了定量地表示影响的强弱程度和概率大小，民航企业可以用正数表示机会的影响，用负数表示威胁的影响，用数值大小表示影响的强弱程度，用数值表示机会或威胁发生的概率大小，然后将强弱程度和概率大小的评分相乘，得到的积表示机会与威胁的重要程度。例如，原油涨价对某航空公司的影响如表 2-3 所示。

表 2-3　原油涨价对某航空公司的影响

序号	原油涨价引发的事件	对企业的影响	发生的概率	机会与威胁的重要程度
1	燃油成本上升	−5	5	−25
2	旅客选择其他交通方式	−4	4	−16
3	货运需求增加	+2	1	+2
4	推动航空公司节能减排技术发展	+4	2	+8
5	竞争者因成本压力减少航班	+2	1	+2

由表 2-3 可知，第 1 和 2 项最为重要，是该航空公司应优先考虑的因素，第 4 项是次一级考虑的因素，而第 3 和 5 项属于不重要的因素，可以忽略。

（二）矩阵分析法

矩阵分析法是列表评价法的延伸，其操作方法如下：将影响营销环境的事件区分为机会和威胁两类，将影响程度和发生概率大致分为高低两档，然后以发生概率、机会或威胁的重要程度为参照，分别列出威胁矩阵（见图 2-1）和机会矩阵（见图 2-2）。

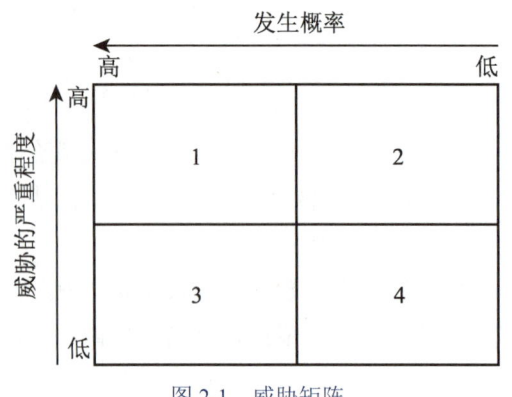

图 2-1　威胁矩阵

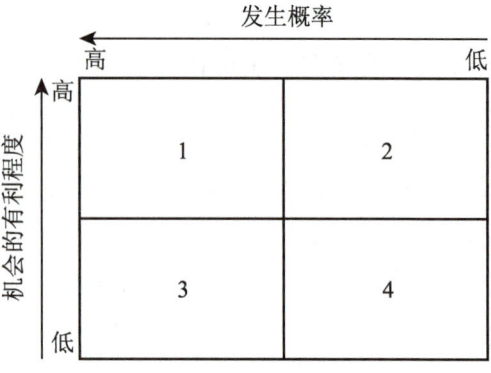

图 2-2　机会矩阵

由图 2-1 和图 2-2 可知，对于第 1 象限中的营销环境事件，民航企业应高度重视，并立即制订对策，以求合理利用机会，同时避开或减小威胁；对于第 2 和第 3 象限中的营销环境事件，民航企业不需要立即制订对策，但要给予重视，密切监视其动态变化，并准备好应变方案；对于第 4 象限中的营销环境事件，民航企业应注意其变化，若发现有向其他象限转移的趋势，则应及时制订对策。

民航视窗

营销环境的类型

一般情况下，市场机会和威胁是并存的。根据威胁的严重程度和机会的有利程度，民航企业所面临的营销环境可分为以下四种类型，如图 2-3 所示。

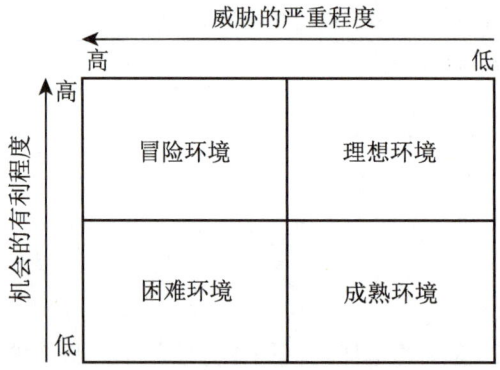

图 2-3　营销环境的类型

（1）冒险环境，即存在较多机会和威胁的环境。面对冒险环境，民航企业不宜盲目冒进，也不应迟疑不决，而应全面分析自身的优势和劣势，扬长避短，寻求突破性发展。

（2）困难环境，即存在较少机会和较多威胁的环境。面对困难环境，民航企业

要么努力改变环境，减小威胁；要么立即转型，摆脱困境，寻求新的发展空间。

（3）理想环境，即存在较多机会和较少威胁的环境。面对理想环境，民航企业应追求可持续的高速发展，为应对冒险环境和困难环境积蓄力量。

（4）成熟环境，即存在较少机会和威胁的环境。面对成熟环境，民航企业应抓住市场机会，迅速行动。

（三）SWOT 分析法

SWOT 分析法，又称"态势分析法"，是根据企业自身条件进行分析，找出企业的优势（strength）、劣势（weakness）、机会（opportunity）和威胁（threat）的企业战略分析方法。从整体上看，SWOT 可以分为两个部分：第一部分为 SW，主要用来分析内部因素；第二部分为 OT，主要用来分析外部因素。

在对营销环境进行分析时，民航企业可用矩阵分析法，将环境因素按重要程度排序，构建 SWOT 矩阵（见图 2-4），然后运用组合分析法和综合分析法做进一步的分析。

内部因素	S：优势 1. _____ 2. _____ 3. _____	W：劣势 1. _____ 2. _____ 3. _____
外部因素	O：机会 1. _____ 2. _____ 3. _____	T：威胁 1. _____ 2. _____ 3. _____

图 2-4　SWOT 矩阵

1. 组合分析法

（1）优势—机会组合，即企业内部优势与外部机会相适应的情况。在这种情况下，民航企业应依靠内部优势并利用外部机会，将两者充分结合，以寻求更好的发展。

（2）优势—威胁组合，即企业受到外部威胁的影响，无法发挥自身优势，出现"优势不优"的局面。在这种情况下，民航企业必须克服威胁，加强自身优势。

（3）劣势—机会组合，即企业存在内部劣势，导致无法有效利用外部机会的情况。在这种情况下，民航企业应努力将内部劣势转化为优势，从而适应外部机会。

（4）劣势—威胁组合，即企业内部劣势和外部威胁同时存在的情况。在这种情况下，民航企业面临着严峻挑战，如果处理不当，将直接威胁民航企业的生存。

2. 综合分析法

综合分析法是针对复杂情况的一种权衡分析方法。在实际情况中，机会、威胁、优势、劣势往往交织在一起，民航企业需要权衡利弊，结合具体情况，寻找最佳解决方案。

民航企业运用综合分析法时，应先对环境因素分析，然后构建 SWOT 矩阵，将各种环境因素进行匹配与组合，最后制订出相应的营销方案。制订营销方案的基本思路为发挥优势，克服劣势，利用机会，化解威胁，找出对民航企业未来发展最有利的对策。

 **任务实施**

分析国内航空公司的微观营销环境

全班学生以小组（6～8 人）为单位，每组任意选择一家国内航空公司作为研究对象，然后结合所学知识，完成以下任务。

（1）从企业自身、供应商、中间商、消费者、竞争者的角度出发，深入分析所选航空公司所处的微观营销环境。

（2）基于分析结果，撰写分析报告，并根据分析报告制作一份演示文稿。

（3）派代表在课堂上进行 5 分钟左右的汇报。

（4）汇报结束后，指导教师进行评价。

 **任务评价**

各小组成员可参考表 2-4 所列的评价标准对任务实施环节的具体表现进行评价，并请指导教师进行点评。

表 2-4　任务实施评价表

评价内容	评价标准	分值	评价分数	
			自评	师评
准备工作（30 分）	分工合理，职责清晰	15		
	所选航空公司具有代表性，符合研究目的	15		
技能实操（50 分）	准确描述所选航空公司的现状	15		
	运用所学知识，分析所选航空公司的微观营销环境	15		
	熟练应用多种营销环境分析方法	20		
成果呈现（20 分）	演示文稿设计美观，图表使用恰当	10		
	汇报重点突出，详略得当	10		
合计		100		
总评	自评（30%）＋师评（70%）＝		教师（签名）：	

 分析民航市场的需求与消费者行为

 任务导入

春秋航空的低价策略

春秋航空股份有限公司（以下简称"春秋航空"）是中国首批飞上天空的民营航空公司之一，也是我国首家真正意义上的低成本航空公司。为了既让票价便宜，又能获得可观的收入，春秋航空主要采取了以下几项措施。

（1）控制成本。春秋航空通过精细化的成本管理，实现了低成本的运营模式。其中最为典型的就是采用单一机型（A320系列），简化了维护、培训和飞行操作等环节，进而降低了运营成本。此外，春秋航空还通过优化航班安排、提高飞机利用率、降低油耗等方式进一步控制运营成本。

（2）高密度座位布局。春秋航空在 A320 飞机上实现了高密度座位布局，通过单舱布局和缩短座椅间距的方式，增加了座位数，从而提高了每架飞机的运载能力。这种布局虽然在一定程度上牺牲了座位的舒适度，但有效降低了单个座位的成本，使得春秋航空能够提供更具竞争力的票价。

（3）直接销售与电子渠道。春秋航空注重通过官网、App 等电子渠道直接展示和销售机票，降低了销售成本，实现了机票价格的透明化和实惠化。

（4）市场定位与市场营销策略。春秋航空将市场定位在对价格较为敏感的消费群体，以经济实惠的机票吸引这部分消费者。同时，春秋航空还通过举办促销活动、推出特价机票等方式，吸引更多消费者的关注。

（资料来源：航旅圈，《春秋航空首航18年，低价机票如何带来高额利润》，

人民日报客户端，2023 年 7 月 22 日）

? 春秋航空的低价策略可以满足消费者的哪些需求？

一、民航市场的需求分析

（一）民航市场需求的特征

（1）民航市场需求是一种中介需求，具有派生性。例如，人们选择乘坐飞机并非直接是对飞行的渴望，而是为了满足更高层次的需求，如旅游、参加商务活动、探亲访友等。

（2）民航市场需求不完全受供给规律的支配。这主要体现在一架飞机的座位数量是有限的，即使需求旺盛，由于高昂的固定成本，航空公司通常也难以迅速增加供应量。

（3）民航市场需求存在明显的季节波动。例如，在节假日、寒暑假等消费者需求波动较大的期间，航空公司可根据消费者需求的变化规律，提前制订运力规划，增加热门航线的航班频次，以更有效的匹配市场需求，提高运营效率和盈利水平。

除节假日外，还有哪些因素共同驱动民航市场需求呈现明显的季节性波动？这些因素之间是如何相互作用的？

（二）民航市场需求的内容

民航业的核心在于为旅客提供高效便捷的空中服务，航空公司与机场作为直接面向旅客的服务提供方，扮演着举足轻重的角色。对于航空公司、机场等民航企业来说，航线规划、航班运营、票价管理、机型适配、安全保障、服务品质等是民航市场需求的主要内容，也是赢得旅客信赖的关键要素。

1. 航线规划

航线是指飞机的飞行路线，包括飞行方向、起讫点、经停点等。根据起讫点不同，航线可分为国际航线、国内航线和地区航线。一般情况下，航线规划会尽量选择气象条件良好、地形平坦、空域开阔的飞行区域，以确保飞行安全。此外，航线规划还要遵循空中交通管制的相关规定，避免与其他航线发生冲突。

2. 航班运营

航班是指飞机按照规定航线，由始发站至终点站的单向飞行。航班的构成要素主要包括航班号、机型、始发站、终点站、起飞和降落时间等。一般情况下，航班准时性是影响旅客需求的关键要素。对此，航空公司应从航班准点率入手，不断提高自身的服务质量。

民航贴士

> 航班号由航空公司代码和航班编号两部分组成。例如，"CA1234"中"CA"代表中国国际航空股份有限公司（以下简称"国际航空"），是由国际航空运输协会分配，且在全球范围内通用的字母代码；"1234"是由该航空公司自行分配，用于识别不同航班的数字代码。

3. 票价管理

机票价格是影响航班需求的重要因素之一。特别是对价格敏感型旅客来说，降低机票价格会刺激该类型旅客需求的大量增长。因此，航空公司可以根据旅客的特征，灵活调整价格策略，实现收益最大化。

4. 机型适配

为了确保飞行安全，提升运营效率及旅客舒适度，航空公司应依据每条航线的具体特征，挑选合适的机型。

5. 安全保障

安全是民航业持续发展的重要支撑，也是每位旅客安心出行的保障。例如，航空公司应从机务维修、安全检查、飞行技术、空中交通管理、应急预案制订等多个方面入手，确保飞机的飞行安全。

6. 服务品质

民航业是典型的服务行业。民航企业提供的服务内容、达到的服务标准直接影响旅客的满意度和忠诚度。因此，民航企业应密切关注旅客需求的变化，积极搜集旅客的意见和建议，不断优化服务流程，提升服务品质，以赢得旅客的信任和支持。

二、民航市场的消费者行为分析

（一）消费者购买动机

消费者购买动机是指消费者为了满足某种需求而产生的购买动机，主要包括生理动机和心理动机两大类。

1. 生理动机

生理动机是指消费者为了获得维持生存所需的基本生活资料而产生的购买动机。例如，购买机票是为了满足远距离出行、候机时购买食物是为了充饥等。在一定程度上，社会经济变化会影响消费者的生理动机，但这类动机驱动的购买行为主要针对生活必需品，受外界因素的影响较小，具有一定的稳定性。

随着人们生活水平的提高，单纯受生理动机驱动的购买行为逐步减少。因此，民航企业在提供满足消费者生理需求的产品时，要兼顾产品的实用价值和品质，全面满足消费者的需求。

2．心理动机

心理动机是指消费者由于某种心理活动而产生的购买动机，主要包括理智动机和感情动机两大类。

（1）理智动机是指消费者在选择产品的过程中，经过理性思考和判断而产生的购买动机，如求实心理、求廉心理、安全心理、方便心理等。

（2）感情动机是指消费者在选择产品的过程中，受情感、偏好等因素影响而产生的购买动机，如好奇心理、个性心理、炫耀心理、攀比心理、从众心理等。

 **民航贴士**

与理智动机相比，感情动机更加依赖消费者的主观感受和情感体验。感情动机没有客观的评价标准，但这并不意味着感情动机是不合理的或不可取的。消费者可能会同时受这两种心理动机的影响，综合考虑各种因素后进行消费。

（二）消费者购买行为

在不同购买动机的驱使下，消费者会采取不同的购买行为。常见的消费者购买行为包括习惯型购买行为、理智型购买行为、选价型购买行为、冲动型购买行为和感情型购买行为。

1．习惯型购买行为

习惯型购买行为是指消费者根据其对不同品牌、产品的偏好，定向购买产品的一种方式。采取这种购买行为的消费者，一旦认定某个品牌或产品，便不愿再对比其他产品，也不受其他因素的影响，而是习惯性地重复购买同一产品。

2．理智型购买行为

理智型购买行为是指消费者以理智为主导，确保其做出满意选择的一种方式。采取这种购买行为的消费者，在购买产品前通常会广泛搜集产品信息，比较、分析同类产品的性能差异，再做出购买决策。

3．选价型购买行为

选价型购买行为是指消费者以产品价格为主要购买决策标准的一种方式。采取这种购买行为的消费者对产品价格比较敏感，可分为以下两种类型：一种是高价型消费者，他们通常认为高价产品更有保障，倾向于选择价格高、品质优的产品；另一种是低价型消费者，他们通常更注重性价比，倾向于选择价格较低的产品。

4．冲动型购买行为

冲动型购买行为是指消费者在没有经过深思熟虑的情况下，基于即刻的情感或欲望而迅速做出购买决策的一种方式。采取这种购买行为的消费者易受他人诱导，受产品外

观、广告宣传等外部环境因素的影响较大。

5．感情型购买行为

感情型购买行为是指消费者以个人情绪、价值观等感情要素为主要购买决策标准的一种方式。采取这种购买行为的消费者通常具备丰富的想象力，他们会基于产品的象征意义进行联想，从而触发感情动机。在这类购买行为中，消费者更加看重产品所能带来的情感满足、个人认同、社会归属感等情感联结。

民航贴士

　　习惯型购买行为、理智型购买行为和选价型购买行为均是在理智动机驱使下产生的，而冲动型购买行为、感情型购买行为是在感情动机驱使下产生的。

（三）影响消费者行为的因素

对于民航业来说，影响消费者行为的因素广泛而复杂，包括行业发展趋势、市场竞争态势等多种因素。然而，对于航空公司而言，机票价格、品牌形象等则是更为直接且关键的影响因素。

1．机票价格的经济性

机票价格是刺激民航市场消费的主要因素之一。例如，一些航空公司通过降低运营成本，将成本优势转化为价格优势，吸引了大量对价格敏感的消费者，从而影响消费者行为。

2．航空公司的品牌形象

航空公司的品牌形象是影响消费者行为的关键因素之一。积极正面的品牌形象能够增强消费者的信任感，促使他们即使在非最优的情况下，也会选择该企业。因此，航空公司应当把提升服务质量，塑造、维护良好的品牌形象作为其持续发展的核心竞争优势。

3．互联网销售的快速发展

互联网的普及和电子商务的发展，不仅简化了信息搜索流程，让消费者轻松快捷地获取、比较不同航空公司的产品信息，还能凭借其广泛的网络资源，帮助消费者做出更加个性化且高效的出行决策。

4．旅游业的快速发展

随着人们生活水平的提高，旅游业的市场规模不断扩大，同时也为多个行业注入了强劲动力。对民航企业来说，旅游需求快速增加带动了民航客流量显著增长，从而扩大了民航市场的规模。无论是国内旅游还是国外旅游，越来越多的消费者倾向选择飞机这一高效便捷的出行方式。

 **任务实施**

分析某航空公司的消费者行为

全班学生以小组（6～8人）为单位，每组任意选择一家国内航空公司作为研究对象，然后结合所学知识，完成以下任务。

（1）调查所选航空公司消费者的购买动机和购买行为，分析影响消费者行为的因素。

（2）基于分析结果，撰写分析报告，并根据分析报告制作一份演示文稿。

（3）派代表在课堂上进行5分钟左右的汇报。汇报过程中，其他同学可以参与互动，通过提问、讨论等方式增进交流。

（4）汇报结束后，指导教师根据汇报内容、互动效果等进行评价。

 **任务评价**

各小组成员可参考表2-5所列的评价标准对任务实施环节的具体表现进行评价，并请指导教师进行点评。

表2-5　任务实施评价表

评价内容	评价标准	分值	评价分数	
			自评	师评
准备工作（30分）	所选航空公司适合进行消费者行为分析	15		
	制订的调查计划详细、可行	15		
技能实操（50分）	通过多种渠道有效搜集消费者购买动机和购买行为的相关资料	15		
	运用所学知识，对搜集到的资料进行深入分析，识别关键影响因素	15		
	有理有据地分析影响消费者行为的因素	20		
成果呈现（20分）	分析报告内容全面，逻辑清晰	10		
	汇报过程中能与同学进行有效互动	10		
合计		100		
总评	自评（30%）+师评（70%）=		教师（签名）：	

一、单项选择题

1. 下列选项中，（　　）不属于民航市场营销的调查内容。

    A. 企业内部结构调查　　　　　　　B. 市场营销策略调查

    C. 市场营销环境调查　　　　　　　D. 市场需求状况调查

2. 宏观营销环境中，最具有强制约束力的是（　　）。

    A. 科学技术环境　　　　　　　　　B. 经济环境

    C. 政治法律环境　　　　　　　　　D. 社会文化环境

3. （　　）是连接企业与消费者的重要桥梁。

    A. 供应商　　　　　　　　　　　　B. 社会公众

    C. 政府部门　　　　　　　　　　　D. 中间商

4. 下列选项中，（　　）不属于理智购买动机。

    A. 求实心理　　　　　　　　　　　B. 个性心理

    C. 求廉心理　　　　　　　　　　　D. 方便心理

5. 下列行为方式中，（　　）是在感情动机驱使下产生的。

    A. 习惯型购买行为　　　　　　　　B. 理智型购买行为

    C. 冲动型购买行为　　　　　　　　D. 选价型购买行为

二、多项选择题

1. 实地调查法包括（　　）。

    A. 询问法　　　　　　　　　　　　B. 假设法

    C. 观察法　　　　　　　　　　　　D. 实验法

2. 影响购买力水平的经济环境因素包括（　　）。

    A. 消费偏好　　　　　　　　　　　B. 收入水平

    C. 消费结构　　　　　　　　　　　D. 国民经济发展水平

3. 民航市场营销的微观营销环境包括（　　）。

    A. 供应商　　　　　　　　　　　　B. 中间商

    C. 竞争者　　　　　　　　　　　　D. 消费者

4. 民航市场需求的消费者类型包括（　　）。

    A. 使用者　　　　　　　　　　　　B. 决策者

    C. 影响者　　　　　　　　　　　　D. 购买者

5. 消费者的购买行为方式包括（　　　）。

    A. 习惯型购买行为　　　　　　　B. 冲动型购买行为

    C. 理智型购买行为　　　　　　　D. 感情型购买行为

三、简答题

1. 简述民航市场营销的调查步骤。

2. 简述 SWOT 分析法。

3. 简述民航市场需求的消费者类型。

四、案例分析题

航空公司"自我升级"中隐藏的消费者购买动机

随着旅客的个性化飞行体验需求日益增长，航空公司正悄然经历着一场产品的"自我升级"。这主要体现在以下几个方面。

（1）硬核服务技术升级。航空公司通过引入更智能的飞行控制系统、更高效的紧急应对机制来确保飞行安全，让旅客在飞行过程中感到"安心"。同时，航空公司利用大数据技术优化航班调度，减少延误情况，提升旅客的出行效率与整体满意度。

（2）个性化与时尚体验升级。航空公司巧妙运用机舱内饰装潢、独特座椅设计等手段，融入时尚潮流元素，设计更舒适的客舱环境；通过与热门 IP 联名、融入特色文化地标等方式，打造限量版主题航班，精准捕捉并满足旅客的个性化需求。

（3）低调奢华的实用主义升级。部分航空公司虽在外部形象上秉持低调内敛的风格，却在服务细节上追求卓越，致力于为每位旅客提供无微不至的关怀。

航空公司进行产品的"自我升级"触发了消费者的哪些购买动机？

项目三

剑指何方
——民航市场细分及目标市场的选择

学习目标

知识目标

（1）了解市场细分的含义、作用、原则和方法。
（2）熟悉民航市场细分的标准。
（3）掌握民航目标市场的模式和市场营销策略。
（4）掌握民航市场定位的方法和步骤。

技能目标

（1）能够根据民航企业的实际情况进行有效的市场细分。
（2）能够根据民航企业的实际情况选择合适的目标市场。
（3）能够准确判断民航市场的现状，并根据民航企业的实际情况进行市场定位。

素养目标

（1）深化市场细分理论学习，培养辨识各类细分市场的能力。
（2）培养敏锐的观察力，积极探索目标市场中的机会。

任务一　细分民航市场

 任务导入

A航空公司的市场细分

民航市场一般存在以下三种类型的旅客。

第一类旅客追求经济实惠且能满足基本出行需求的航班，约占23%的市场份额，如预算有限的学生群体等。这类旅客更关注航班的价格。

第二类旅客追求票价合理且能提供舒适环境的航班，约占46%的市场份额，是民航市场的主要消费者。这类旅客更关注航班的性价比。

第三类旅客追求高端航班，期望享受个性化的飞行体验，约占31%的市场份额，如高收入群体、商务精英等。这类旅客更关注航班的品质。

通过深入的市场调查与分析，A航空公司最终锁定第一类旅客和第二类旅客，推出经济型机票套餐、升级客舱舒适度等市场营销策略，迅速提高了市场占有率。

❓ 该航空公司是基于什么标准进行市场细分的？

一、市场细分概述

（一）市场细分的含义及作用

消费者是一个庞大且复杂的群体，不同消费者对同一产品的需求不同，同一消费者对不同产品的需求也不同。任何一家民航企业都无法满足所有消费者的需求。因此，民航企业必须对市场进行细分，选择适合自己的市场，这样才能满足消费者的差异性需求。

市场细分是指以消费者需求为出发点，根据消费者需求的差异性，把某一产品的总体市场划分为若干个具有类似特征子市场的过程。市场细分在民航企业的发展壮大中起着非常重要的作用，主要体现在以下几个方面。

（1）市场细分是民航企业选择目标市场的前提。细分后的市场通常比较具体，同一细分市场中的消费者也具备同质性。只有将市场细分为若干个具有类似特征的子市场，民航企业才能结合自身资源从中选择最合适的目标市场并开展市场营销活动。

（2）为所有消费者提供标准化的产品往往难以满足市场需求的多样性。而市场细分可以帮助民航企业深入分析特定市场的需求，并从产品、价格、分销、促销等方面，制订与细分市场相匹配的差异化市场营销策略。

（3）市场细分可以帮助民航企业精准定位其业务领域，并及时察觉细分市场中出现的新机会和潜在威胁，从而迅速调整市场营销策略，提升市场竞争力。

（4）市场细分可以引导民航企业将有限的人力、物力、财力等资源集中到一个或几个细分市场，实现资源的最优配置，并精准满足特定消费群体的需求。这不仅可以降低民航企业资源的投入成本，还可以提升其经济效益。

（二）市场细分的原则

一般情况下，有效的市场细分应遵循以下原则。

1. 可衡量性

可衡量性要求细分市场的购买力、规模等要素是可以被识别和衡量的。细分市场不仅要具备鲜明的特征和清晰的范围，还必须能够被精准评估市场容量，从而助力民航企业有效识别多样化的消费群体，实施更精准的市场营销策略。

2. 可进入性

可进入性要求民航企业具备进入细分市场的资源和能力，如技术、资金、人力等。一般情况下，民航企业所选择的细分市场应与其当前的实力状况及未来的发展战略相匹配，并能依托有效的市场营销活动巩固其市场地位。

3. 可盈利性

可盈利性要求细分市场具有增长潜力，可以使民航企业从中获取足够的经济利益。在进行市场细分时，民航企业必须考虑细分市场的消费者数量、购买力、产品购买频率等因素。

4. 差异性

市场细分的核心在于识别消费者需求的差异性。当民航企业采用同一市场营销策略时，不同细分市场的消费者往往会有不同的反应。如果各细分市场的消费者对产品需求的差异微乎其微，企业便没有必要耗费大量的资源和精力进行市场细分。

民航贴士

如果消费者需求呈现高度分散的状态，且每种独特的需求难以汇聚成足够规模的市场，那么企业将无法对市场进行细分，并制订有效的市场营销策略。例如，航空公司飞往各地区的航班安排高度依赖于客流量是否达到经济可行的临界值。如果某航班的客座率持续较低，即使存在市场需求，其运营也会因为难以覆盖高昂的成本而变得不可持续。

（三）市场细分的方法

1. 单一变量法

单一变量法是指仅选择一个因素作为市场细分标准的方法。例如，根据出行目的的

不同，民航市场可以细分为商务出行市场、休闲旅游市场、探亲访友市场等。这种方法操作简单，但由于只考虑一个变量，市场细分的结果可能无法全面反映市场的真实情况。

2．主导因素排列法

主导因素排列法是指选择影响消费者需求的主导因素作为市场细分标准的方法。例如，根据消费者对机票价格的敏感度，民航市场可以细分为价格敏感型市场、价格适中型市场、价格不敏感型市场。这种方法强调主导因素的作用。

3．综合因素法

综合因素法是指选择两种或两种以上因素作为市场细分标准的方法。例如，根据消费者的年龄和收入情况，民航市场可以细分为年轻高收入群体市场、中年高收入群体市场、老年低收入群体市场等。

4．系列因素法

系列因素法是指选择多种因素作为市场细分标准，并按照一定顺序，由粗到细、由浅入深，逐步进行市场细分的方法。这种方法可以生成大量的细分市场，得到的细分结果也比较详细、具体。

例如，根据航线覆盖范围，民航市场可以细分为国内航线市场和国际航线市场；根据区域地理位置，国内航线市场可以进一步细分为华东市场、华南市场、华北市场等。此外，各个细分市场还可以根据经济发展水平、人口分布密度、旅游资源丰富程度、消费者的出行习惯和偏好等继续进行细分。

在市场细分的过程中，不同细分市场之间是否会存在交叉或重叠的情况？如果出现这种情况，民航企业应当如何处理？

二、民航市场细分的标准

（一）地理标准

按地理标准细分是指按照消费者所处的地理位置、自然环境等因素对民航市场进行细分。常见的地理因素包括国家、地区、地形、气候等。按地理标准细分之所以可行，是因为处于不同地理位置的消费者受气候、生活习惯等因素影响，会有不同的需求和偏好，以至于对民航企业的产品、价格、分销、促销等市场营销策略产生不同的反应。

例如，考虑到不同地区消费者的饮食习惯，航空公司可能会针对飞往四川的航班提供一些麻辣风味的餐食选项，以满足当地及喜爱川菜的旅客；针对飞往山西的航班，设计餐食时会选择一些能够体现山西风味的菜品，或者在菜单上提供食醋作为可选调味品，以满足旅客的特定需求。

 同步案例

按地理标准细分的有效应用

在亚洲航线上，中国的一家国际航空公司在推广其新推出的亚洲风味飞机餐时，采用了极具地域特色的包装设计。包装上展示了一个亚洲家庭围坐在摆满精致美食餐桌旁的景象，这一设计获得了亚洲旅客的一致好评。

然而，该航空公司尝试将采用这一包装设计的亚洲风味飞机餐推广到北美航线上时，并没有引起北美旅客的兴趣。因为北美旅客对于包装上的文化元素、美食背景等普遍感到陌生，无法产生情感共鸣。

面对这一挑战，该航空公司决定采纳北美市场专家的建议，重新设计亚洲风味飞机餐的外包装。新的设计既保留了亚洲风味的精髓，又融入了西方饮食文化元素，更加贴近西方人的饮食习惯和审美偏好。

经过一系列的调整与优化，该航空公司在北美航线推出的亚洲风味飞机餐，成功引起了众多北美旅客的兴趣。旅客们纷纷在社交媒体上分享自己的用餐体验，这不仅帮助航空公司扩大了品牌影响力，还打开了北美市场亚洲风味飞机餐的销路。

（二）人口标准

按人口标准细分是指按照人口因素对民航市场进行细分。常见的人口因素包括性别、年龄、收入、职业等。由于个人特点，不同的消费者往往有着不同的价值观和消费行为，对不同的产品也会产生不同的需求。与其他因素相比，人口因素更容易被测量。

（1）性别。根据消费者的性别，民航市场可以细分为男性市场和女性市场。例如，航空公司可以为男性旅客提供更宽敞的空间、更舒适的座椅，为女性旅客提供更私密的卫生间、专属客舱服务、旅行建议、安全提示等。

（2）年龄。根据消费者的年龄，民航市场可以细分为儿童市场、青少年市场、中年市场、老年市场等。例如，航空公司可以针对儿童旅客提供儿童餐，针对青少年学生群体推出学生优惠票、团体旅行套餐等，针对中年旅客提供更高级的舱位选择等，针对老年旅客提供便捷的登机服务、健康的饮食选项等。

（3）收入。根据消费者的收入水平，民航市场可以细分为高收入人群市场、中等收入人群市场、低收入人群市场等。例如，航空公司可以针对高收入旅客提供高端定制服务，针对中等收入旅客提供积分兑换、会员优惠等高性价比服务，针对低收入旅客推出特价机票、折扣优惠等服务。

（4）职业。根据消费者的职业背景，民航市场可以细分为商务人士市场、自由职业者市场、学生市场、退休人员市场等。例如，航空公司可以为商务人士等出行频繁的旅客提供快速安检通道、贵宾休闲室等便捷服务，为自由职业者等出行时间灵活的旅客提供便捷的退改签服务，为退休旅客提供安静的客舱环境等。

（三）心理标准

按心理标准细分是指按照消费者的心理特征对民航市场进行细分。常见的心理因素包括生活方式、个性特点等。

（1）生活方式。生活方式是指人们在工作、消费、娱乐等过程中的特定习惯和模式。生活方式不同，消费者的需求就不同；生活方式改变，消费者的需求也会发生改变。

（2）个性特点。个性特点在很大程度上影响着一个人的需求偏好、满足方式等。例如，性格外向的消费者喜欢追求个性化的飞行体验，他们可能更倾向于选择可以定制餐食、举办主题活动的航班；性格内向的消费者则可能更倾向于选择普通的航班。

个性化的民航细分市场

某航空公司根据消费者的个性特点将民航市场细分为以下两大类。

（1）对于那些崇尚个性、追求冒险体验的旅客，该航空公司推出了"自由翱翔"系列服务。这一服务采用现代简约的客舱设计理念，并深度融合自由飞行会员计划，旨在为旅客带来一种无拘无束、高效流畅的飞行体验。

（2）对于那些沉稳保守、重视旅行安全的旅客，该航空公司推出了"稳健前行"系列服务。这一服务聚焦于提升服务性价比，不仅提供积分回馈计划，还精心营造温馨舒适的客舱环境，全方位保障旅客的安心无忧出行。

（四）行为标准

按行为标准细分是指按照消费者对产品的了解程度、态度、使用情况等对民航市场进行细分。常见的行为因素包括消费者的利益追求、购买时机、购买频率、品牌忠诚度等。

（1）利益追求。消费者购买产品所追求的不同利益是民航市场细分的一种有效依据。例如，消费者选择乘坐飞机出行，有的是为了追求快捷，有的是为了追求舒适，有的是为了追求性价比。因此，民航企业可以根据自身情况，选择一种或几种消费者所追求的利益，有针对性地设计市场营销活动，吸引消费者的注意。

（2）购买时机。民航企业可以根据消费者购买、使用产品的特定时机来细分民航市

场。这些时机包括但不限于毕业、结婚、出差、节假日、寒暑假等。

（3）购买频率。根据消费者的购买频率，民航市场可以细分为低频消费者市场、中频消费者市场、高频消费者市场等。虽然高频消费者的人数只占消费者总人数的一小部分，但其对民航企业的收入有重要贡献。例如，大多数航空公司都设有常旅客系统和制度，并针对高频旅客开展广告宣传、关系维护等市场营销活动，不断维护、壮大高频旅客群体。

（4）品牌忠诚度。品牌忠诚度是指消费者受价格、质量等因素影响，对某品牌产品情有独钟，并选择长期购买该品牌产品的行为。根据消费者对产品品牌的忠诚度，民航市场可以细分为单一品牌忠诚者市场、多品牌忠诚者市场等。对于不同忠诚度的消费者，民航企业可以提供不同的个性化服务。

 民航贴士

市场细分没有统一的标准。民航企业应结合市场形势、自身资源等实际情况，选择最合适、最有效的细分标准。

市场细分的流程

 任务实施

识别航空公司的市场细分标准

全班学生以小组（6～8人）为单位，每组任意选择一家国内航空公司作为研究对象，并结合所学知识，完成以下任务。

（1）深入了解所选航空公司的发展历程，并分析其进行市场细分的标准。

（2）讨论所选航空公司基于某种标准细分市场的好处。

（3）基于讨论结果，撰写分析报告，并根据分析报告制作一份演示文稿。

（4）派代表在课堂上进行5分钟左右的汇报。

（5）汇报结束后，各小组成员谈一谈自己的感悟及心得体会，并由指导教师进行评价。

 **任务评价**

各小组成员可参考表3-1所列的评价标准对任务实施环节的具体表现进行评价，并请指导教师进行点评。

表 3-1　任务实施评价表

评价内容	评价标准	分值	评价分数	
			自评	师评
准备工作 （30分）	任务分配明确，团队协作高效	15		
	对所选航空公司形成初步的分析框架	15		
技能实操 （50分）	准确识别所选航空公司进行市场细分的标准	15		
	深入分析所选航空公司各个细分市场的特点、需求及潜力	15		
	清晰阐述所选航空公司基于某一标准细分市场的好处，逻辑严密	20		
成果呈现 （20分）	分析报告内容完整，语言精练	10		
	演示文稿简洁明了，易于理解	10		
合计		100		
总评	自评（30%）+师评（70%）=		教师（签名）：	

任 务 二　选择民航目标市场

任务导入

A 航空公司的目标市场选择

A 航空公司自创立之初，便置身于激烈的市场竞争之中。面对资金雄厚、技术领先的竞争者，A 航空公司认识到，斥巨资研发超越竞争者的高端民航技术，是难以实现快速突破并取得显著成效的。因此，A 航空公司开始探索差异化的发展道路，挖掘那些尚未被充分开发或占领的细分市场。

在调查偏远地区市场需求的过程中，A 航空公司发现当地居民依赖低效高成本的传统运输方式，导致农产品外运十分困难。针对这一状况，A 航空公司利用现有航空技术，为偏远地区研发了一款适应复杂地形和恶劣天气的短途无人机运输系统，实现了货物运输的高效化与低成本化。该系统还进一步拓展至医疗物资投送、教育资料分发等服务范围，有效促进了当地经济的全面发展，提升了居民的生活质量。

鉴于该细分市场尚未被开发且竞争较弱，A 航空公司决定将其作为目标市场。这不仅避开了与行业巨头的正面交锋，还实现了可观的经济效益。

❓ A 航空公司是如何选择目标市场的？

一、民航目标市场应具备的条件

目标市场是民航企业开展市场营销活动的中心点，也是民航企业制订市场营销策略的出发点。一般情况下，民航企业选择的目标市场应具备以下条件。

（一）有一定的规模和发展潜力

民航企业在选择某一目标市场时，应深入调查该市场的规模情况。如果该市场的规模有限甚至呈现萎缩趋势，则民航企业应谨慎行事，避免盲目选择。此外，民航企业还应理性评估所选目标市场的发展潜力。

以某新兴旅游城市为例，尽管该城市当前机场的客流量处于较低水平，但凭借其强劲的经济发展动力、得天独厚的旅游资源，以及政府给予的大力支持与资金投入，该城市未来的旅客流量有望实现跨越式增长。虽然该新兴旅游城市的规模不大，但其蕴含的发展潜力不容忽视，因此，民航企业可以选择其作为目标市场。

（二）有一定的盈利能力

民航企业选择目标市场的关键在于该市场是否具备盈利能力。如果某市场有一定的规模和发展潜力，但其盈利能力不足或存在显著的不确定性，则民航企业应保持谨慎态度，对其进行更为全面的风险评估与成本效益分析后，再做出选择。

例如，A航空公司计划开拓某国的新兴市场，通过市场调查发现该国人口众多、经济增长快、民航需求旺盛，但基础设施建设尚不完善、机场容量有限、空中交通管理效率低下。这会直接影响公司的航班运营效率，降低盈利能力。经过慎重考虑，A航空公司决定暂时搁置进入该国市场的计划，而是选择将资源投入到其他更具潜力和盈利能力的市场中。

（三）符合企业的发展目标和能力

民航企业在选择目标市场时，应考量其是否与企业的发展目标相契合。如果选择某市场可能使企业分散关键资源，偏离核心战略轨道，甚至阻碍企业发展目标的实现，则企业应考虑放弃该市场。此外，民航企业还应深入剖析自身的能力，确保所选目标市场既能与企业的现有资源紧密对接，又能最大化地发挥企业的独特优势。

除上述条件外，你认为民航企业选择的目标市场还应具备哪些条件？和同学们讨论，说一说自己的看法。

二、民航目标市场的模式

(一)市场集中化模式

市场集中化模式是指民航企业只针对一个细分市场,提供符合该市场需求的产品,并进行集中营销的模式,如图 3-1 所示。在这种模式下,民航企业选择 M2 市场作为目标市场,仅提供 S1 产品来满足 M2 市场的消费者需求,如某航空公司只针对旅游公司提供包机服务。这是一种比较简单的民航目标市场模式。

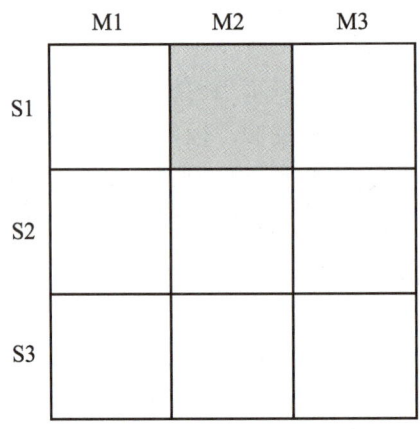

图 3-1 市场集中化模式(S=产品,M=市场,下同)

民航企业选择市场集中化模式一般基于以下考虑:① 企业具备在该细分市场从事专业化经营的优势条件;② 由于资金、技术等资源的限制,企业只能选择一个细分市场;③ 企业在该细分市场中没有竞争者;④ 企业准备以此为出发点,在取得成功后向更多的细分市场发展。

民航贴士

民航企业选择市场集中化模式虽然容易发挥自身优势,但同时也会降低其抵御市场风险的能力,导致其经营状况受整体市场环境变化的影响较大。

(二)产品专业化模式

产品专业化模式是指民航企业集中提供一种产品,来应对不同市场需求的模式,如图 3-2 所示。在这种模式下,民航企业只提供 S1 产品,但同时提供给 M1、M2、M3 三个市场,如航空公司为所有旅客提供统一的行李限额服务。

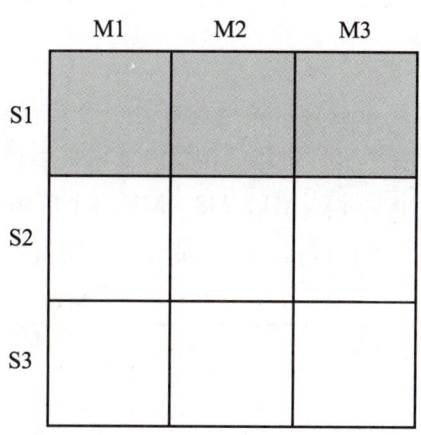

图 3-2　产品专业化模式

　　产品专业化模式的优点包括：① 分散经营风险，即使某个细分市场不景气，民航企业仍可以从其他细分市场上获利；② 专注于提供一种产品，有助于民航企业在该领域形成技术优势，树立品牌形象。

　　但是，当新技术或新产品出现时，产品销量会受到影响，从而使民航企业受到冲击，甚至面临经营滑坡的危险。

（三）市场专业化模式

　　市场专业化模式是指民航企业只服务于某一类消费者，专门为其提供各种产品的模式，如图 3-3 所示。在这种模式下，民航企业只服务于 M1 市场，但同时提供 S1、S2、S3 三种产品，如航空公司只服务于高端消费者群体并满足其所有的需求。

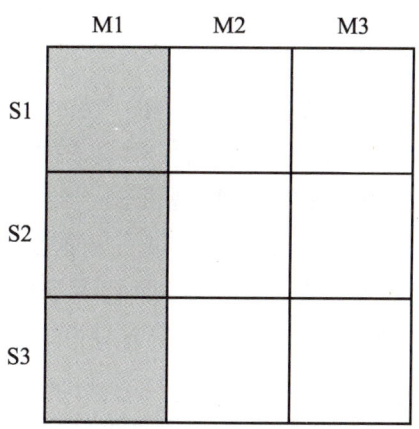

图 3-3　市场专业化模式

　　市场专业化模式可以使民航企业通过多元化的产品类型，与消费者建立紧密联系。但是，当这一细分市场的消费者需求发生变化时，民航企业的经营利润也会随之发生变化。

（四）选择专业化模式

选择专业化模式是指民航企业有目的地选择若干个具有发展潜力和盈利能力的细分市场作为目标市场，并针对各个目标市场的消费者需求提供相匹配产品的模式，如图 3-4 所示。在这种模式下，民航企业针对 M1、M2、M3 三个市场分别提供 S3、S2、S1 三种产品，并保证每种产品专供一个目标市场。这是一种多元化的经营模式。

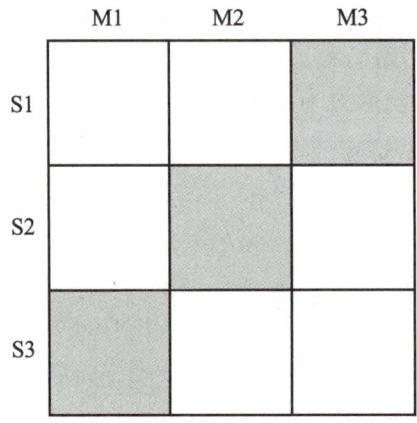

图 3-4　选择专业化模式

选择专业化模式的优点在于，每个目标市场之间的联系较少，可以最大限度地分散民航企业的经营风险，即使某个目标市场的盈利状况不佳，民航企业的总体经营利润也可以在其他目标市场得以弥补。一般情况下，该模式适用于具有较强资源优势和营销实力的民航企业。

（五）市场全面化模式

市场全面化模式是指民航企业提供不同系列的产品，并将产品全面覆盖于每个细分市场，以满足各类消费者群体需求的模式，如图 3-5 所示。在这种模式下，民航企业同时提供 S1、S2、S3 系列产品，并将产品全面覆盖到每一个细分市场。市场全面化模式要求民航企业具有较强的市场开发能力、管理能力、产品研发能力等。因此，只有实力雄厚的大型民航企业才会选择这种模式。

不同目标市场模式的
优缺点

例如，德国汉莎航空公司罕见地实现了客运、地勤服务、飞机维修、航空餐饮、旅游规划和 IT 技术支持六大服务领域的全面覆盖与深度融合，致力于向消费者提供全方位的服务方案，以满足消费者多样化的需求。

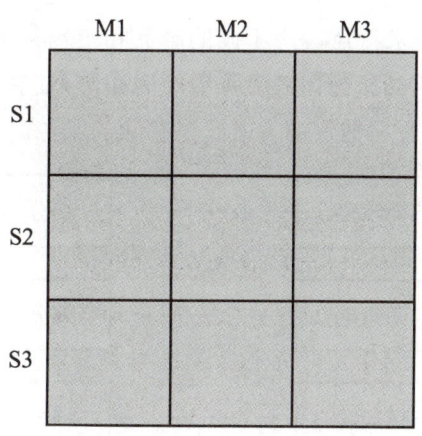

图 3-5　市场全面化模式

三、民航目标市场的市场营销策略

民航企业一旦确定目标市场，则需要根据目标市场的特点，制订相应的市场营销策略，如无差异性市场营销策略、差异性市场营销策略和集中性市场营销策略。

（一）无差异性市场营销策略

无差异性市场营销策略表现为民航企业忽略各个细分市场之间的差异，将整个市场作为目标市场，并通过一种产品和一种市场营销策略来吸引消费者，如图 3-6 所示。例如，某航空公司以单一的服务、等级和价格向整个市场的各条航线平均、随意地投放运力。

图 3-6　无差异性市场营销策略

该策略的最大优点是节约成本。单一产品的规格、款式通常较为简单，有利于进行标准化和规模化生产，这必然会降低产品的单位成本。此外，该策略还能节省企业在市场调查、产品研发、广告宣传等方面的费用。在批量生产、批量销售的产品导向时代，大多数民航企业普遍采用该策略。

但是，民航市场是在不断变化的。单一产品要以同样的方式广泛销售，并长时间被所有消费者接受几乎是不可能的。同样，一个企业也不可能独占整个市场，当大量竞争者采用该策略进入市场时，企业会面临更为激烈的竞争。因此，该策略对市场上的绝大多数产品是不适用的。

（二）差异性市场营销策略

差异性市场营销策略表现为民航企业选择部分或全部细分市场作为目标市场，针对

每个目标市场中消费者的需求特点，用不同的产品和市场营销策略来满足消费者需求，并开展多方位的市场营销活动，如图3-7所示。例如，某航空公司针对不同类型的旅客分别提供头等舱、公务舱、经济舱，并为其提供相应的服务。

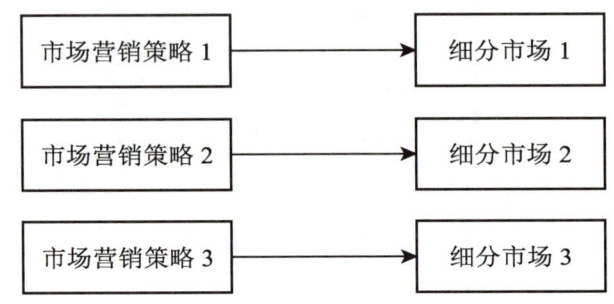

图 3-7　差异性市场营销策略

该策略的优点包括：① 产品多元化，能兼顾消费者需求的差异性，提升民航企业的销量；② 经营风险小，当选择两个或两个以上目标市场时，民航企业可以取得市场间的连带优势。

但是，该策略会大幅度增加民航企业的生产成本、管理费用、销售费用等，对民航企业的人力、物力、财力等要求较高。

（三）集中性市场营销策略

集中性市场营销策略表现为民航企业只选择一个或几个细分市场作为目标市场，并集中力量为所选市场开发产品，实行专业化的产品设计和市场营销策略，如图3-8所示。例如，某航空公司仅选择服务于商务型旅客，并为其提供个性化的服务。

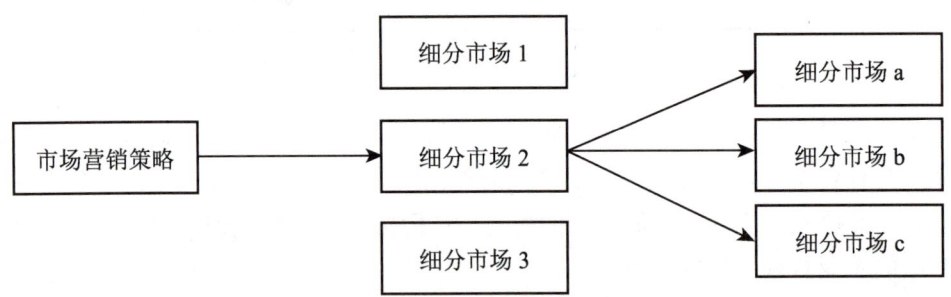

图 3-8　集中性市场营销策略

该策略的优点包括：① 民航企业集中全部资源服务于个别细分市场的消费者，可以提高消费者满意度；② 民航企业只选择一个或几个细分市场，可以减少资金投入，有效节约成本。

但是，由于所选择的目标市场较少，一旦市场中的消费者需求发生变化，或出现强有力的竞争者，民航企业可能需要承受较大、甚至致命的冲击。因此，该策略对民航企

业的应变能力要求较高，需要民航企业密切关注目标市场的发展动向。

民航视窗

目标市场营销策略选择的影响因素

一般情况下，民航企业应根据自身资源、市场需求、竞争状况等，灵活选取适当的市场营销策略。

1．自身资源

民航企业所拥有的资源是其实力的表现，主要包括人力、物力、财力、生产水平、技术水平、销售能力、管理能力等。一般情况下，实力雄厚、技术水平高、营销能力强的民航企业可以选择差异性市场营销策略，力量薄弱、资源有限的初创型民航企业更适合选择集中性市场营销策略。

2．市场需求

根据不同细分市场中消费者需求的差异性，民航市场可分为同质市场和异质市场。在同质市场中，消费者对于产品的需求相近或基本相同，民航企业可以选择无差异性市场营销策略；在异质市场中，消费者的需求差异较为明显，民航企业可以结合自身资源选择差异性市场营销策略或集中性市场营销策略。

3．竞争状况

民航企业选择目标市场的市场营销策略时，应着重考虑目标市场的竞争状况，并根据竞争者的数量、实力及竞争者选择的市场营销策略等做出决策。

从竞争者的数量和实力来看，如果竞争者的数量较少且实力较弱，民航企业适合选择无差异性市场营销策略；如果竞争者的数量较多且实力较强，民航企业更适合选择差异性或集中性市场营销策略。

从竞争者选择的市场营销策略来看，如果竞争者选择无差异性市场营销策略，民航企业可以选择差异性市场营销策略与之抗衡；如果竞争者选择差异性市场营销策略，民航企业应进一步进行市场细分，通过实行更有效的差异性市场营销策略或集中性市场营销策略，寻找新的市场机会与突破口。

任务实施

选择民航目标市场营销策略

全班学生以小组（6～8人）为单位，每组任意选择一家国内航空公司作为研究对象，然后结合所学知识，完成以下任务。

（1）搜集2～3个关于所选航空公司的具体营销案例。

（2）讨论所选航空公司在不同营销案例中选择了哪种市场营销策略，并说明理由。

（3）基于讨论结果，确定本组展示的核心内容及形式。其中，展示形式包括但不限于演示文稿、个人讲述、小组演绎等。

（4）派代表在课堂上进行 5 分钟左右的展示。展示过程中，各小组可邀请同学参与互动，通过提问、讨论等方式增进交流。

（5）展示结束后，各小组成员谈一谈自己的感悟。

 **任务评价**

各小组成员可参考表 3-2 所列的评价标准对任务实施环节的具体表现进行评价，并请指导教师进行点评。

表 3-2　任务实施评价表

评价内容	评价标准	分值	评价分数	
			自评	师评
准备工作（30分）	搜集的营销案例丰富、全面	15		
	初步了解所选航空公司的市场背景、竞争环境等	15		
技能实操（50分）	准确识别所选航空公司在不同营销案例中选择的市场营销策略	15		
	清晰阐述所选航空公司选择某一市场营销策略的理由	15		
	积极讨论，并提出建设性意见	20		
成果呈现（20分）	展示内容紧扣主题，逻辑性强，信息准确全面	10		
	展示形式新颖，能够吸引同学们的注意力	10		
合计		100		
总评	自评（30%）+师评（70%）=		教师（签名）：	

 **任务导入**

上海航空的重新定位

上海航空股份有限公司（以下简称"上海航空"）是中国东方航空集团有限公司（以下简称"东方航空"）旗下的全资子公司。为了与东方航空实现更高效的协同效应，实现成本节约，并在此基础上进一步巩固和强化独立品牌特色，上海航空重新规划了自身的发展定位。

在新的市场定位方案中，上海航空明确以上海为核心主基地，通过构建与上海有紧密联系的国内外航线网络、打造个性化服务产品、激发品牌价值，致力于塑造一个"全服务、区域型、有特色"的航空公司。

为了实现新的市场定位，上海航空围绕"相对独立"与"上海特色"这两个核心关键词，展开了一系列的业务管控和组织架构调整，从而在航线网络布局、产品设计、品牌认知、资源获取等方面凸显自身的独特魅力。此外，上海航空还积极承担了其在上海"五个中心"建设及打造航空运输超级承运人中的责任，致力于推动上海民航的高质量发展。

（资料来源：《上海航空，重大突破！》，航旅圈微信公众号，2024年7月5日）

? 上海航空为什么要进行重新定位？

一、民航市场定位的含义及方法

民航市场定位是指民航企业通过对目标市场及竞争者的深入分析，研发具有特色且能满足消费者需求的产品的过程。其实质在于通过产品差异化策略，在民航市场上树立独特的品牌形象，从而与竞争者进行有效区分。

在进行市场定位时，民航企业应依据自身的实际情况，采用多元化的市场定位方法，明确产品特色与品牌形象，以精准对接并满足目标消费者的需求。一般情况下，民航市场定位的方法包括迎头定位、避强定位、重新定位等。

（一）迎头定位

迎头定位是指民航企业为占据有利的市场地位，不惜与民航市场中占支配地位、实

力较强的竞争者发生正面竞争的方法。这是一种"针锋相对""明知山有虎，偏向虎山行"的定位方法，重点强调"人无我有""人有我优"。一般情况下，一种产品的先进入者会采用该方法。

迎头定位虽然会给民航企业带来一定的风险，但是能激发民航企业的潜能。该方法一旦成功，就能使民航企业获得巨大的市场份额和竞争优势。在实施迎头定位时，民航企业要做到知己知彼，并关注以下几个方面。

（1）评估目标市场容量是否足以承载自身与现有竞争者的产品供应。目标市场容量如果不足，可能会导致激烈的竞争和资源争夺，进而影响民航企业的利益和发展空间。

（2）提供的产品是否具有区别于竞争者的特色，如形式更新颖、流程更便利、人员更专业、环境更舒适等。

（3）是否具有与迎头定位相匹配的资源、实力、声望、应变能力等。

一种观点认为："迎头定位的核心在于超越实力雄厚的竞争者，并在规模与实力上更胜一筹。"你认同上述观点吗？除了直接比拼规模与实力，是否存在其他途径能使民航企业与强大的竞争者并驾齐驱？

（二）避强定位

避强定位是指民航企业为了避开实力较强的竞争者，将自己的产品定位于另一市场的方法。这是一种相对安全、保守的定位方法，重点强调"人有我异"。

避强定位的市场风险较小，成功率较高，在市场竞争中被广泛认可和采用。但采用该方法时，民航企业必须放弃较好的市场机会，以换取在竞争较弱领域的稳定发展。要成功实施避强定位，民航企业必须满足以下几个条件。

（1）具备提供高品质且有特色产品的技术、设备、人员等条件。

（2）在低价销售进入市场的前提下，仍能实现基本的经营目标。

（3）能有效传达"本企业产品性价比高于其他民航企业"的市场信息。

（三）重新定位

重新定位是指民航企业根据市场变化，重新调整自身定位，以获得强大竞争力的方法。一般情况下，民航企业选择重新定位的原因如下。

（1）原有市场定位不准确，没有体现产品特色，且不能达到营销目标。

（2）经营环境、竞争者或目标消费者需求等发生了变化。

（3）随着科技、经济的发展，新市场的开拓受到原有市场定位的阻碍。

重新定位具有一定的风险，它不仅要求民航企业在内部达成共识，还需要重新赢得消费者的认可。采用该方法时，民航企业要学会因势利导，紧跟民航市场动态，精准捕

捉消费者需求变化，巧妙利用自身竞争优势，重塑市场地位。

珠海机场的重新定位

　　由于位置偏僻，珠海金湾机场（以下简称"珠海机场"）的旅客较少，曾因欠下巨额工程款而面临巨大的财务危机。经过咨询策划，珠海机场抓住物流全球化的发展机遇，将自身重新定位于国际航空货运枢纽港。传统的航运是"重客轻货""货随客走"，而珠海机场则是纯货运或以货运为主。经过重新定位，珠海机场将旅客少的劣势转变为优势，并积极整合周围大量满足货运枢纽需要的配套设施，利用每年十万架次的营运保障能力，逐步发展成为东南亚地区国际化物流航空港。

　　珠海机场的重新定位既避免了与珠江三角洲等其他客运机场的正面竞争，也可与其他机场形成互补，赢得了生存空间。

（资料来源：张薇，《丘昌贤：将珠海机场打造成为粤港融合发展的典范》，

中国民航网，2023 年 1 月 11 日）

二、民航市场定位的步骤

（一）识别自身的竞争优势

　　识别自身的竞争优势是民航企业进行市场定位的基础。民航企业的竞争优势通常表现在成本优势和产品差异化优势两个方面。成本优势是指民航企业能以较低的价格提供与竞争者同等质量的产品，或以相同的价格提供更高质量的产品。产品差异化优势是指民航企业能提供独具特色，品种、功能、外观等均超越竞争者且与消费者需求相适应的产品。

　　为了有效识别自身的竞争优势，民航企业可以从以下几个维度对竞争者进行评估。

　　（1）深入剖析竞争者的经营状况，如近三年的销售额趋势、利润率水平及投资收益率等关键指标，以掌握其市场表现与盈利能力。

　　（2）细致考察竞争者的营销实力，包括新产品的研发效率、产品质量控制、市场营销策略等，以评估其在吸引消费者、塑造品牌形象等方面的能力。

　　（3）严格审视竞争者的财务状况，包括盈利能力、运营效率、偿债能力等，以判断其财务稳定性与持续发展潜力。

（二）选择合适的竞争优势

　　成功的市场定位并非在于与竞争者的简单差异化，而是精准捕捉消费者的核心需

求，选择合适的竞争优势。

例如，A 航空公司将服务质量作为其核心竞争优势，通过提供细致的客舱服务、高效的航班运营等，赢得了广大旅客的认可；B 航空公司则精准锁定价格敏感型旅客，将公司定位为低价航空，逐步提高市场份额。这两家航空公司通过挖掘消费者最在意的需求，不仅有效区分了自身与竞争者，还在激烈的市场竞争中占据了独特的地位。

（三）发挥独特的竞争优势

民航企业在选择合适的竞争优势后，需要精心策划创意广告等市场营销策略，强化品牌信息，确保在目标消费者心中树立鲜明的市场定位形象。例如，某航空公司若选择定位于高质量航空，则应培育一支高素质的服务团队，并通过广告等营销手段，巧妙地向市场传达其服务卓越、品质非凡的承诺。

在宣传过程中，民航企业应深化与目标消费者的情感纽带，通过讲述故事、引发情感共鸣等方式，引导消费者从了解、熟悉，逐步过渡到认同、喜爱，在消费者心中构建起与企业市场定位高度契合的品牌形象。

 民航贴士

民航市场的精准定位是一个循序渐进、持续迭代的过程。在这一过程中，民航企业可能会面临定位偏高、偏低、不明确甚至混乱等问题，这就要求民航企业必须紧密关注市场动态，并依据市场反馈进行灵活调整，以确保市场定位的有效性。

任务实施

分析航空公司的市场定位

全班学生以小组（6～8 人）为单位，每组任意选择一家国内航空公司作为研究对象，围绕其市场定位搜集相关案例和资料，然后结合所学知识，完成以下任务。

（1）明确所选航空公司现有的市场定位，分析其市场定位的优缺点，并说明其成功或失败的原因。

（2）了解所选航空公司的市场环境、消费者需求、竞争者情况等，分析并讨论该航空公司适合采取的市场定位。

“国航”的 VIP 服务

（3）基于讨论结果，形成详细的书面文件，并根据书面文件制作一份演示文稿。

（4）派代表在课堂上进行 5 分钟左右的汇报。

（5）汇报结束后，指导教师进行评价。

 **任务评价**

各小组成员可参考表 3-3 所列的评价标准对任务实施环节的具体表现进行评价，并请指导教师进行点评。

表 3-3　任务实施评价表

评价内容	评价标准	分值	评价分数	
			自评	师评
准备工作（30分）	分工合理，职责清晰，协作顺畅	15		
	对搜集到的资料进行整理和分析，形成初步的市场定位见解	15		
技能实操（50分）	对所选航空公司了解透彻	15		
	深入分析所选航空公司现有市场定位的优缺点，并给出充分理由	15		
	精准选择适合所选航空公司的市场定位	20		
成果呈现（20分）	演示文稿设计美观，内容简洁明了	10		
	汇报重点突出、详略得当	10		
合计		100		
总评	自评（30%）+师评（70%）=		教师（签名）：	

 项 目 考 核

一、单项选择题

1. （　　）是指选择多种因素作为市场细分标准，并按照一定顺序，由粗到细、由浅入深，逐步进行市场细分的方法。

　　A. 单一变量法　　　　　　　　B. 综合因素法

　　C. 系列因素法　　　　　　　　D. 主导因素排列法

2. （　　）是指按照消费者对产品的了解程度、态度、使用情况等对民航市场进行细分。

　　A. 按行为标准细分　　　　　　B. 按心理标准细分

　　C. 按地理标准细分　　　　　　D. 按人口标准细分

3．（　　）是指民航企业只服务于某一类消费者，专门为其提供各种产品的模式。

A．市场集中化模式　　　　　　B．市场全面化模式

C．产品专业化模式　　　　　　D．市场专业化模式

4．（　　）表现为民航企业忽略各个细分市场之间的差异，将整个市场作为目标市场，并通过一种产品和一种市场营销策略来吸引消费者。

A．集中性市场营销策略　　　　B．无差异性市场营销策略

C．差异性市场营销策略　　　　D．定制化市场营销策略

5．避强定位重点强调的是（　　）。

A．人无我有　　　　　　　　　B．人有我优

C．人有我异　　　　　　　　　D．人优我廉

二、多项选择题

1．市场细分的原则包括（　　）。

A．可衡量性　　　　　　　　　B．可进入性

C．可盈利性　　　　　　　　　D．差异性

2．行为细分的依据包括（　　）。

A．利益追求　　　　　　　　　B．购买时机

C．购买频率　　　　　　　　　D．品牌忠诚度

3．民航市场细分的标准包括（　　）。

A．地理标准　　　　　　　　　B．人口标准

C．心理标准　　　　　　　　　D．行为标准

4．民航企业可以选择的目标市场模式包括（　　）。

A．市场集中化模式　　　　　　B．市场全面化模式

C．产品专业化模式　　　　　　D．市场专业化模式

5．民航市场定位的方法包括（　　）。

A．迎头定位　　　　　　　　　B．创新定位

C．避强定位　　　　　　　　　D．重新定位

三、简答题

1．简述市场细分的原则。

2．简述产品专业化模式的优缺点。

3．简述避强定位的优缺点及实施条件。

四、案例分析题

精准定位，赢得市场

在激烈的市场竞争中，A航空公司凭借精准的市场定位与卓越的服务品质，赢得了广泛的赞誉与影响力。面对传统民航市场的两极分化，A航空公司秉持"卓越服务、舒适旅程、合理价格"的核心理念，精准锁定中高端商务及休闲旅客群体，力求打破价格与品质的常规界限，为旅客提供高性价比的飞行体验。

通过实施精细化管理策略，A航空公司的机票价格不仅远低于高端航空公司，还能让旅客体验到不输于高端航空公司的服务品质。例如，A航空公司摒弃了豪华休息室、机上娱乐系统等冗余服务，聚焦于提升座椅宽敞度、客舱环境、餐饮质量等基础服务的品质，旨在为旅客营造家一般的舒适体验。

同时，A航空公司紧跟数字化转型浪潮，运用先进的旅客管理系统、自助值机与行李托运等智能化服务手段，提升服务效率与旅客体验。这些创新举措与精准定位不仅使A航空公司赢得了消费者的高度认可，还成功塑造了品牌形象与服务特色。

A航空公司成功的原因有哪些？

项目四

量身定制

——民航市场营销的产品策略

学习目标

知识目标

（1）了解民航产品的整体概念，熟悉民航产品组合及其策略。

（2）熟悉民航新产品的类型及开发策略。

（3）熟悉民航产品的生命周期及各阶段的市场营销策略。

（4）掌握民航品牌的相关概念及民航品牌策略。

技能目标

（1）能够根据民航企业的经营目标，选择合适的民航产品组合策略。

（2）能够根据民航企业的实际情况开发民航新产品。

（3）能够识别民航产品的生命周期并采取相应的市场营销策略。

（4）能够根据民航企业的特色建设富有影响力的品牌形象。

素养目标

（1）深化对产品整体概念的理解，精准把握民航产品的核心价值。

（2）树立品牌营销的意识，提升策划能力和执行能力。

了解民航产品与产品组合

任务导入

"空铁联运"产品

2023 年 8 月 9 日，南方航空与中国国家铁路集团有限公司（以下简称"国铁集团"）合作推出了"空铁联运"产品。通过该产品，旅客可在双方 App 平台自由组合航班及铁路车次，一键下单，享受全方位、一体化的购票体验。

"空铁联运"产品支持广州、北京、上海等 38 个城市，涵盖广州北站、大兴机场站、北京西站等 60 个中转火车站，通达全国 815 个火车站。该产品通过有效整合航空运输与铁路运输的各自优势，大幅缩短了交通换乘时间，为旅客提供了更加丰富的出行选择。

（资料来源：《南航集团携手国铁集团发布"空铁联运"产品》，

中国南方航空官网，2023 年 8 月 9 日）

? 南方航空推出"空铁联运"产品有何优势？

一、民航产品

（一）民航产品的整体概念

民航产品是一个体系，它主要由三个层次构成，即核心层（核心产品）、形式层（形式产品）和延伸层（延伸产品），如图 4-1 所示。

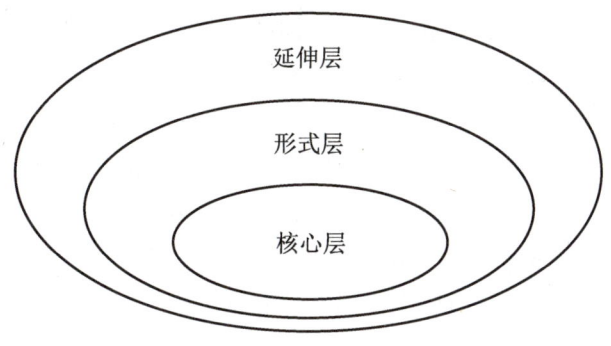

图 4-1　民航产品的整体概念

1．核心层

核心层是民航产品最基本、最本质的层次，即消费者购买民航产品所能获得的基本效用和核心利益，如航空公司提供的航空运输服务、科技公司提供的航空信息服务等。

一个民航企业可以有多种核心产品，如航空公司不仅提供旅客运输服务和货物运输服务，还会与旅游公司合作提供航空旅游产品。

2．形式层

形式层是核心层得以实现的具体形式，即与核心层密切相关的各种支持和服务的产品。在民航业中，形式产品主要包括航班信息（如机型、舱位等级、飞行时间）、地面服务（如值机、安检、行李托运）、空中服务（如客舱布局、座椅舒适度、餐饮服务）、品牌形象等。

3．延伸层

延伸层是指在核心层与形式层外，为满足消费者更高层次的需求而提供的延伸产品。在民航业中，延伸产品主要包括会员计划（如里程兑换、优先登机）、常旅客关怀（如生日祝福、节日问候）、个性化服务（如特殊餐食、儿童托管）等。

民航企业树立民航产品的整体概念有何意义？和同学们讨论，说一说自己的看法。

（二）民航产品的特征

民航产品比较特殊，与其他产品相比，具有以下几个方面的特征。

（1）无形性与有形性并存。民航产品的核心是为消费者提供的服务，如乘机服务、客舱服务等，属于无形产品。这些服务不具备有形的、可以看得见、接触到的外表或形状，但需要借助有形物品来实现，如飞机、机舱设施等。

（2）安全性要求高。民航产品，特别是航空运输服务，对安全性有着极高的要求。安全是民航的生命线，航空产品中任何一个细微环节都至关重要，如航空器轴承必须遵守特定的标准规范。

（3）不可存储性。与有形产品不同，民航产品不能根据消费者需求的变化进行储存，这要求民航企业根据市场需求和运力情况合理安排产品生产计划。

（4）多样性。随着民航市场的不断发展和消费者需求的日益多样化，民航产品呈现了多样性和个性化的特征。例如，不同的航空公司会提供不同等级的舱位和服务以满足不同旅客的需求，一些航空公司还会推出特色餐食、机上娱乐等个性化服务以提升旅客的乘机体验。

（三）民航产品的分类

民航产品可以根据不同的维度和特性进行分类。一般情况下，根据产品层次不同，民航产品可分为航线类产品和服务类产品。

1. 航线类产品

航线类产品是民航产品的基石，它聚焦于民航产品的核心层。不同的航线构成了不同的产品，如北京—上海、广东—厦门等。

航线类产品主要包括直飞航线、中转航线、国际航线、货运航线等。直飞航线是指两个城市之间不经停、直接飞行的航线，能够为旅客提供最短时间内的点到点服务。中转航线是指需要旅客在中途机场换乘，才能到达最终目的地的航线。国际航线是指连接不同国家之间的航线，通常需要遵守国际航空运输协定和各国的航空法规。货运航线是指专门用于货物运输的航线，包括定期货运航班和不定期包机服务。

> **民航贴士**
>
> 在民航业，航线类产品直接关系到航空公司的运营基础——航线网络。航空公司要想开辟并维护一个广泛而高效的航线网络，必须考虑航线布局、航班密度、航班时刻等关键要素。

2. 服务类产品

服务类产品是围绕航线类产品提供的附加服务，它聚焦于民航产品的形式层和延伸层，旨在提升消费者的出行体验和满意度。服务类产品比较丰富，民航企业可以根据自身的实际情况推出合适的服务类产品体系，如客舱服务、机场地面服务、票务服务、保险服务等，以满足不同旅客的需求，从而提升市场竞争力。

> **民航贴士**
>
> 随着经济的发展和消费者心理的转变，消费者对于民航出行的需求早已超越单纯的快速空间位移，而是更加注重附加服务的品质及其带来的心理满足感。因此，形式产品与延伸产品的重要性在消费者心中逐渐超越了核心产品的重要性。

二、民航产品组合

（一）民航产品组合的含义

民航产品组合，又称"民航产品结构"，是指民航企业生产或经营的全部产品线和产品项目的有机组合，即民航企业的经营业务范围。

1. 产品线

产品线是指产品组合中功能相同或类似的某一类产品。这类产品能够满足消费者的同类需求，具有一定的连带性，通常面向相似的消费群体、共享销售渠道且处于相近的价格范围。例如，航空公司投入运力的一条航线就是一条产品线。

2. 产品项目

产品项目是指每条产品线中不同规格、档次、款式的产品。例如，航空公司一条航线上所安排的航班数等。

(二) 民航产品组合的广度、深度和关联度

民航产品组合可以从广度、深度、关联度等几个关键要素进行分析。

1. 民航产品组合的广度

民航产品组合的广度是指民航企业产品组合中所拥有的产品线数量。产品线越多，产品组合越宽；反之，产品组合越窄。例如，表 4-1 中某民航企业有 5 条产品线，其产品组合的广度为 5。

表 4-1 某民航企业的产品组合

A 产品线	B 产品线	C 产品线	D 产品线	E 产品线
A1 产品项目	B1 产品项目	C1 产品项目	D1 产品项目	E1 产品项目
A2 产品项目		C2 产品项目	D2 产品项目	E2 产品项目
A3 产品项目		C3 产品项目		E3 产品项目
		C4 产品项目		E4 产品项目
		C5 产品项目		

民航产品组合的广度是衡量民航企业经营范围大小、跨行业经营及多元化经营程度的一个重要指标。民航企业可以通过增加产品组合的广度，充分利用自身资源发挥优势，获取规模化的经济效益。

有人说："企业所经营的产品线越多越好。"你认同上述观点吗？和同学们讨论，说一说自己的看法。

2. 民航产品组合的深度

民航产品组合的深度是指各产品线中所包含产品项目的数量，一般指各产品线的平均深度。例如，表 4-1 中民航企业产品组合的深度为 3。

民航产品组合的深度没有固定的标准，它因企业而异、因时而异。一般情况下，通过加深产品组合的深度，民航企业可以占领更多的细分市场。例如，某航空公司经营的

航线数量较多，但投放在每条航线上的航班运力较少，即只有广度而没有深度。这种产品组合即使实现了大范围的市场覆盖，也会因为航班密度过低而难以获得较高的市场份额。因此，为了提升市场竞争力，该航空公司应加深其产品组合的深度。

3. 民航产品组合的关联度

民航产品组合的关联度是指民航企业的各产品线在最终用途、生产条件、销售渠道等方面的关联程度。加强产品组合的关联度可以提高民航企业的市场竞争力。例如，当某一民航产品受到竞争者的攻击时，民航企业可以在关联产品线上调动大量资源予以反击。

民航贴士

民航产品组合的多样性源于广度、深度、关联度等因素的不同搭配。由于市场竞争和需求的发展变化，民航企业不可能保证其产品组合始终是最合适的。这就要求民航企业及时调整民航产品组合，确保其始终与市场需求相契合，从而巩固并提升市场竞争力。

（三）民航产品组合策略

1. 扩大民航产品组合

扩大民航产品组合是指扩大民航产品组合的广度和深度。民航企业如果预测现有产品线的销售额在未来一段时间内可能下降，则应当考虑在现有产品组合中增加新的产品线。民航企业如果想要强化产品特色，兼顾更多细分市场的消费者需求，则应当考虑丰富产品线中的产品项目。

扩大民航产品组合的优点在于：① 有利于民航企业完善民航产品系列，扩大经营规模，满足不同消费者的偏好，同时提高市场占有率；② 有助于民航企业发挥潜在的技术与资源优势，提高经济效益；③ 有助于民航企业降低市场需求变动的不利影响，分散经营风险。

但是，扩大民航产品组合会分散民航企业的资源配置，增加管理难度。如果新增产品线或产品项目出现质量问题，不仅会影响原有产品线或产品项目，还会影响民航企业的品牌形象和声誉。

2. 缩减民航产品组合

缩减民航产品组合是指缩减民航产品组合的广度和深度。当民航市场不景气或原料、能源等资源供应紧张时，民航企业应当将主要资源集中在获利较多的产品线和产品项目上，并通过缩减产品组合、压缩成本的方式，保证自身利润。

缩减产品组合的优点在于：① 有利于民航企业集中资源和技术改进民航产品的质量，提高知名度；② 有助于实现生产经营专业化，提高生产效率，降低生产成本；

③ 有利于民航企业减少资金占用，加快资金周转。

3．产品线延伸

产品线延伸是指民航企业根据市场需求的变化，调整全部或部分产品的市场定位，并延伸原有产品线内的产品项目。根据延伸方向的不同，产品线延伸可分为向下延伸、向上延伸、双向延伸三种方式。

1）向下延伸

向下延伸是指民航企业在高档产品线中增加低档产品项目的方式。

民航企业采取向下延伸方式的主要原因包括：① 高档产品项目受到竞争者同类产品项目的威胁；② 高档产品项目销售增长缓慢，只能将产品线向下延伸；③ 弥补产品线的空白，提高市场占有率；④ 建立行业壁垒，防止低档产品项目市场成为竞争者的机会。

民航企业采用向下延伸方式面临的风险包括：① 同一产品线的低档产品项目会抵消部分高档产品项目的销售额，减少企业的经营收益；② 分散资源，削弱企业原有高档产品项目的竞争力，使其品牌形象受损；③ 经销商不愿意经营低档产品项目，降低市场占有率。

2）向上延伸

向上延伸是指民航企业在原有产品线中增加高档产品项目的方式。

民航企业采取向上延伸方式的主要原因包括：① 目标市场中的消费者需求、购买力发生了变化，使高档产品项目的市场需求量显著增长，带来更高的利润空间；② 拥有进入高档产品项目市场的能力；③ 需要重新进行产品线定位，且预估高档产品项目市场竞争不激烈，更容易获得市场空间。

民航企业采用向上延伸方式面临的风险包括：① 高档产品项目市场的现有竞争者会不惜一切代价坚守阵地，甚至伺机入侵低档产品项目市场；② 目标市场中的消费者对民航企业推出高档产品项目的能力持怀疑态度，这种不信任甚至会影响原有产品项目的声誉；③ 原有经销商的能力有限，会影响高档产品项目的市场推广。

3）双向延伸

双向延伸是指原定位于中档产品项目市场的民航企业在取得市场优势后，向产品线的上下两个方向延伸，同时增加低档产品项目和高档产品项目的方式。

例如，某地区民航市场长期被 A 航空公司的经济舱产品和 B 航空公司的高端商务舱产品主导，C 航空公司进入该民航市场后采取差异性市场营销策略，先推出中等价格且兼顾舒适度的高性价比机票来吸引旅客，在中档产品项目市场中站稳脚跟后，通过双向延伸拓展产品线，逐步扩大市场份额，最终占据该地区民航市场的主导地位。

波士顿矩阵

　　波士顿矩阵是由美国著名管理学家布鲁斯·亨德森在经营波士顿咨询公司时提出的，是一种有效的产品组合分析工具。在民航业，它可以帮助民航企业评估各产品项目的市场地位和增长潜力，从而帮助民航企业制订合适的市场营销策略。

　　波士顿矩阵以市场占有率为横坐标，以市场增长率为纵坐标，将产品划分为四种类型，如图4-2所示。

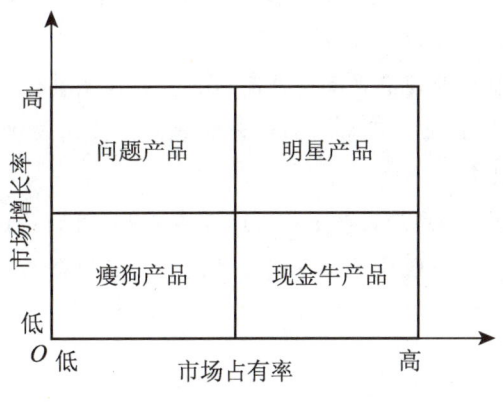

图4-2　波士顿矩阵

　　（1）明星产品：处于高市场增长率、高市场占有率象限内。这类产品具有一定的竞争优势，发展潜力大。高市场增长率往往伴随着激烈的市场竞争，因此，民航企业应以长远利益为目标，加大投资力度，积极扩大市场规模，通过提升市场占有率来支持产品发展，进而巩固市场竞争地位。

　　（2）现金牛产品：处于低市场增长率、高市场占有率象限内。这类产品销量大，利润率高，可以为民航企业带来大量现金流。因此，这类产品不需要增加大量投资，是民航企业回收资金、支持其他产品，尤其是明星产品投资的后盾。一般情况下，民航企业应保持现金牛产品的市场份额，使其持续提供稳定的现金流；但对于竞争力较弱的现金牛产品，民航企业应尽量压缩各项投资，争取在短时间内获得更多利润，为其他产品提供资金支持。

　　（3）问题产品：处于高市场增长率、低市场占有率象限内。高市场增长率说明该产品的市场机会大、前景好，低市场占有率则说明该产品在市场营销上存在问题。因此，这类产品利润率低，资金需求大，风险高，需要民航企业慎重选择。一般情况下，对于有成长潜力的问题产品，民航企业应加大资金投入，提高其市场占有率，促使其向明星产品转型；对于前景黯淡的问题产品，民航企业应缩减投资，力求实现短期收益最大化。

（4）瘦狗产品：处于低市场增长率、低市场占有率象限内。这类产品利润率低，处于保本或亏损状态，无法为民航企业带来收益。对于没有发展前景的瘦狗产品，民航企业应及时放弃，并将剩余资源转移至更具有竞争力的产品上。

 **任务实施**

设计民航产品组合

全班学生以小组（6～8 人）为单位，每组任意选择一家民航企业作为研究对象，并结合所学知识，完成以下任务。

（1）分析所选民航企业现有产品与产品组合，并说明其优缺点。

（2）针对所选民航企业产品与产品组合的缺点，提出改进意见和建议，如扩大产品组合、延伸产品线等。

（3）根据改进意见，为所选民航企业设计产品组合，并讨论该产品组合的可行性。

（4）讨论结束后，各小组成员谈一谈设计民航产品组合的感悟。

 **任务评价**

各小组成员可参考表 4-2 所列的评价标准对任务实施环节的具体表现进行评价，并请指导教师进行点评。

表 4-2　任务实施评价表

评价内容	评价标准	分值	评价分数	
			自评	师评
准备工作（30分）	分工明确，职责清晰	15		
	搜集的资料全面、准确，能充分支持后续工作	15		
技能实操（50分）	清晰阐述所选民航企业现有产品与产品组合的概况	15		
	深入分析所选民航企业现有产品与产品组合的优缺点	15		
	针对所选民航企业产品与产品组合的缺点提出创新性、可行性的意见和建议	20		
成果呈现（20分）	民航产品组合设计具有可行性	10		
	民航产品组合设计的注意事项总结全面	10		
合计		100		
总评	自评（30%）+师评（70%）=	教师（签名）：		

任务二　开发民航新产品

任务导入

银发旅游新产品

近年来，中国银发旅游市场逐渐升温。越来越多的航空公司着眼于中老年旅客群体，并为其精心设计了一系列专属航空旅游产品。

例如，山东航空股份有限公司（以下简称"山东航空"）率先推出了中老年品质游项目。该项目不仅提供接送机服务，还配备了专职全陪、专职导游、远程监控等贴心服务，旨在为中老年旅客打造安全、舒适的旅行体验。此外，山东航空还特别推出了"重阳敬老经济舱"活动，凡年满55周岁的旅客购买指定航线机票，均可享受最高60元的购票优惠。

又如，西部航空有限责任公司（以下简称"西部航空"）积极响应市场需求，推出了以"陪伴"为主题的航空旅游产品。该产品以"两人出行"限定优惠的方式，鼓励子女陪伴父母或年长旅客结伴出行，其中至少1人年龄要达到60周岁（含）及以上。购买该产品且符合条件的旅客可在享受当前机票折扣的基础上，叠加立减9%的专属优惠。

（资料来源：陈姗姗，《老年人文旅年消费超7 000亿，航司可以做什么》，

第一财经，2023年10月23日）

? 航空公司为什么要针对中老年旅客推出专属航空旅游新产品？

一、民航新产品的类型

（一）全新民航产品

全新民航产品是指应用新技术、新原理、新材料等创新元素成功研制出的、首次进入民航市场的产品。

对于大多数民航企业而言，自主开发全新民航产品面临着重重挑战。它不仅耗时长，还需要民航企业承担高昂的人力、资金等成本，并伴随着极高的风险与不确定性。

（二）换代民航产品

换代民航产品是指在原有民航产品的基础上进行技术、材料或结构设计等方面的优

化与升级而研制出的新一代民航产品。例如，某国产大型客机更新换代后，巧妙融合了国内外顶尖技术，实现技术创新与材料升级的双重飞跃，不仅提升了飞行速度与运行效率，还能使旅客享受更为安全、舒适的空中旅程。

与开发全新民航产品相比，换代民航产品的开发显得更为稳妥。它依托于既有民航产品的成熟体系，能有效降低民航企业探索未知领域的巨额成本与投资风险。此外，换代民航产品的市场普及速度和成功率也相对较高，能更快地被市场接受和认可。

（三）改进民航产品

改进民航产品是指对原有民航产品的物理形态、包装、设计元素、所用材料等进行细致的调整与优化而研制出的民航产品。例如，某航空公司引进更为环保且舒适的记忆棉改良飞机座椅、重新设计座椅外观等。

改进民航产品不需要民航企业投入大量资源，风险相对可控且容易被消费者所接受。因此，开发改进民航产品成为众多民航企业，特别是中小型民航企业探索民航新产品开发的重点。

民航视窗

民航新产品的范围界定

民航新产品是从产品整体概念的视角来定义的，它巧妙融合了企业、市场、技术三个角度。从民航企业的角度来说，第一次生产销售的民航产品称为民航新产品；从民航市场的角度来说，只有第一次出现在市场上的民航产品才能称为民航新产品；从技术的角度来说，在原理、结构、功能、形式上发生改变的民航产品都可以称为民航新产品。

但是，民航新产品更聚焦于消费者的情感体验与价值认同。也就是说，凡是在产品整体概念范畴中进行改进或创新，只要与原有民航产品存在一定差异，且能为消费者带来全新体验、提供额外满足感或创造增值利益的产品，均被视为民航新产品。

二、民航新产品的开发意义

随着民航市场需求的变化，民航产品也在不断扩大和发展。对民航企业而言，民航新产品的开发意义主要体现在以下几个方面。

（一）满足消费者的多样化需求

随着社会经济的蓬勃发展和人们生活水平的提高，消费者对民航产品的需求呈现多元化与个性化的趋势。民航企业要想长久地占领市场，并持续提升其市场份额，就必须将创

新视为核心发展动力，不断地开发民航新产品，以满足消费者多样化与个性化的需求。

（二）有效应对民航市场的竞争

随着民航市场竞争日益激烈，开发民航新产品成为民航企业生存发展的必要条件。开发民航新产品不仅是民航企业开辟新市场、吸引新消费群体的关键途径，更是驱动民航企业销售额与盈利能力显著提升的强大引擎。

（三）分散民航企业的经营风险

开发民航新产品不仅是民航企业拓展市场的营销手段，更是其分散经营风险的重要途径。民航企业利用民航新产品，可以增强整体经营的韧性，实现风险的多元化分担。

例如，为了缓解季节性波动对企业全年盈利水平造成的冲击，某航空公司分别推出"夏季海滨畅游""冬日雪山滑雪"等定制化航班产品，以平衡淡旺季的客流量差异，保证全年平均盈利水平。

你认为开发民航新产品还能为民航企业带来哪些好处？和同学们讨论，说一说自己的看法。

三、民航新产品的开发策略

民航新产品的开发需要耗费大量的资金和时间，对民航企业的发展有着深远的影响。因此，民航企业必须审时度势，根据市场需求、自身资源等条件等选择合适的新产品开发策略。常用的民航新产品开发策略包括以下几种。

（一）领先开发策略

领先开发策略是指民航企业率先推出民航新产品，并利用新产品的独特优势占据市场有利地位的一种策略。例如，某航空公司率先推出智能定制化航班服务，这种服务不仅可以根据旅客的行程需求自动推荐航班和转机时间，还可以根据旅客的偏好提供个性化的餐饮选择、座位预订等服务，极大地提升了旅客的飞行体验。

领先开发策略可以使民航企业在民航市场上捷足先登，并利用先入为主的优势，获取丰厚的利润回报。但是，该策略通常需要民航企业投入巨大的开发资金和推广成本，更适用于实力雄厚且能预测市场变化及其变动趋势的民航企业。

（二）跟随开发策略

跟随开发策略是指民航企业融合技术引进与自行研发的优势，通过仿制或改进其他

民航企业推出的新产品，进而推出具有自身特色的新产品的一种策略。

跟随开发策略强调以跟随为先导，以超越为目标，通过吸收先进经验以减少研发风险与成本。如果民航企业有能力对市场中的民航新产品进行改进，有可能实现"后来者居上"的发展趋势，占领市场先机。

民航贴士

> 在采用跟随开发策略仿制或优化现有产品时，民航企业必须保持高度谨慎，严格遵守相关知识产权的法律法规，确保不侵犯他人的权利，以免陷入法律纠纷，损害企业的形象和声誉。

（三）系列开发策略

系列开发策略是指民航企业不断延伸产品线，开发出一系列不同类型、不同规格、不同档次的新产品的一种策略。

系列开发策略既可以使民航企业精准把握市场需求，利用原有的资源和优势降低新产品的开发成本和风险，还能通过系列产品的集中开发与推广，节省营销费用，扩大民航新产品的影响力。因此，该策略被大多数民航企业广泛采用。

同步案例

A 公司的系列产品延伸

A 公司是一家连锁企业，最初以机票预订与代理服务为核心，随后逐步扩展至航班查询、行李托运、机场接送、空中保险、个性化旅行规划等多元化领域。

该公司始终秉持着"除了飞行，一切旅行事宜皆由其打理"的企业愿景，积极推行跨界合作战略，深度整合航空公司、机场、保险公司、地面交通服务商、旅行顾问团队等多方资源，为旅客提供涵盖购票、保险购买、行李追踪、旅行咨询等一站式服务。通过这些举措，A 公司成功地将旅客从烦琐的旅行准备中解放出来，让旅客的每一次飞行都变得轻松愉悦。

（四）定制开发策略

定制开发策略是指民航企业根据特定消费群体的独特偏好与个性化需求，量身打造具备专属功能或服务体验的新产品的一种策略。例如，某航空公司针对年轻旅客群体开发了"青春自由行""热门城市随心搭"等产品，方便他们根据个人偏好选择旅游目的地、航线、航班时段等。

 **任务实施**

分析民航新产品的开发策略

全班学生以小组（6～8 人）为单位，每组任意选择一家国内航空公司开发的 2～3 个民航新产品作为研究对象，然后结合所学知识，完成以下任务。

（1）分析所选航空公司开发的新产品属于何种类型，并结合产品特色说明理由。

（2）探讨所选航空公司采用了哪种民航新产品开发策略。

（3）结合市场环境、竞争态势、公司资源等因素评估新产品开发策略是否合适。

"南航"的空中饮品

（4）深入讨论所选民航新产品的最优开发策略，并进行提炼和总结。

 任务评价

各小组成员可参考表 4-3 所列的评价标准对任务实施环节的具体表现进行评价，并请指导教师进行点评。

表4-3　任务实施评价表

评价内容	评价标准	分值	评价分数	
			自评	师评
准备工作（30分）	分工明确，职责清晰	15		
	搜集的资料全面、准确，能充分支持后续工作	15		
技能实操（50分）	准确识别所选航空公司新产品的类型及开发策略，理由充分	15		
	结合市场环境、竞争态势、公司资源等因素，对所选航空公司新产品开发策略的可行性进行深入分析与综合评估	15		
	在分析讨论过程中，保持清晰的逻辑思维，并提出独到的个人观点	20		
成果呈现（20分）	民航新产品的最优开发策略具备高度的合理性和可行性	10		
	总结全面，考虑因素充分，逻辑性强	10		
合计		100		
总评	自评（30%）+师评（70%）=		教师（签名）：	

任务三　制订民航产品生命周期各阶段的市场营销策略

任务导入

飞机生命周期管理的"富矿"

飞机是航空公司生产经营的关键资产，其前期引进、中期运营、后期处置都直接关系着航空公司的经济利益。

引进飞机前，航空公司要深入分析市场需求、机型流通性，并根据自身的财务状况、内部资源条件选择合适的引进方式，如自购、融资租赁、经营租赁等。飞机交付前后，航空公司各个运营部门需要预留充分的时间进行沟通，制订专属运营方案，以确保飞机引进后能发挥其最大价值。

为了延长飞机的使用寿命并发挥其最大价值，航空公司一方面应严格执行定期检修计划，运用先进技术监测并解决潜在问题，确保飞机始终处于最佳运行状态；另一方面应适时更换飞机部件与系统，在保障安全运行的同时，不断提升飞机性能。

一般情况下，我国民航飞机的平均机龄为7～9年，而老旧飞机的退役机龄一般为20～25年。针对老旧飞机，航空公司可以转售转租、客机改货机或报废拆解回收利用。需要注意的是，飞机型号、拆解时机等均会影响飞机的拆解价值及其为航空公司带来的额外收益。

因此，航空公司要在飞机生命周期的管理方面加大投入，充分挖掘其潜在"富矿"，以获取更多的经济利益。

（资料来源：张薇，《航空公司："链"上发力 挖掘飞机全生命周期管理"富矿"》，

《中国民航报》2024年1月8日）

> ❓ 什么是民航产品的生命周期？在不同阶段，民航企业应怎么做？

一、民航产品的生命周期

民航产品的生命周期是指民航产品从进入民航市场开始到被民航市场淘汰，最终退出民航市场的全过程，通常用销售额和利润两个指标来衡量。典型的民航产品生命周期包括四个阶段，如图4-3所示。

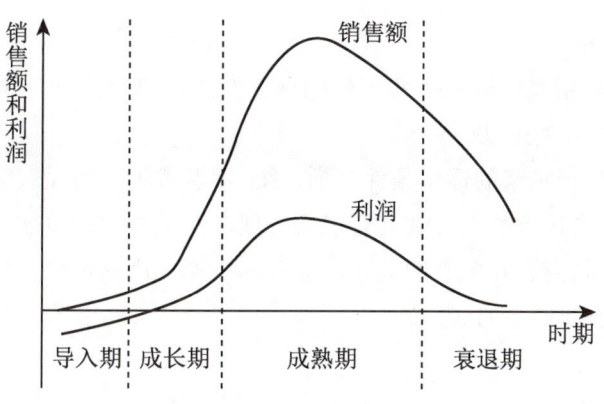

图 4-3 民航产品的生命周期

（1）导入期是指民航新产品刚刚被推出的试销阶段。例如，新开发的航线类民航产品在相当长一段时间内都会处于导入期。

（2）成长期是指民航产品打开销路后的销售增长阶段。例如，在进入成长期后，新开发航线的平均客座率会明显提高。

（3）成熟期是指民航产品在民航市场上出现饱和状态的阶段。大多数民航产品都处于生命周期中的成熟阶段。

（4）衰退期是指民航产品被逐步淘汰甚至被迫退出民航市场的阶段。例如，进入衰退期后，航空公司会减少某些航线上的航班数量直至取消该航线。

民航视窗

理解民航产品的生命周期

民航产品的生命周期不是指民航产品的使用寿命，而是指民航产品的市场寿命。与市场寿命不同，使用寿命是指民航产品从进入消费领域并被使用，到其失去使用价值的全过程。部分民航产品虽然使用寿命短暂，却能在市场上长久保持活力，如高科技设备或软件等；还有部分民航产品，尽管使用寿命较长，但可能会因为市场变迁而迅速失去市场地位，如老旧机型或发动机等。

二、民航产品各阶段的市场营销策略

（一）导入期

在民航产品的导入期，同类民航产品的生产者相对较少。民航产品还未被消费者所熟悉，只有少数求新、求异的消费者可能会购买。因此，民航企业需要投入一定的促销费用宣传民航产品。一般情况下，民航企业在该阶段采用的市场营销策略包括以下四种。

1．快速撇脂策略

快速撇脂策略是指民航企业花费高额的促销费用，以有力的促销手段推出高价格、高利润率的民航新产品的做法。

民航企业实施这一策略的适用条件包括：① 消费者不了解民航新产品，具有较大的需求潜力；② 目标市场中的消费者具有求新心理，有强烈的购买欲望且愿意为此付出高价；③ 民航企业面临潜在竞争者的威胁，需要尽快形成产品风格，建立品牌声誉，从而使消费者形成对民航新产品的偏好。

民航贴士

在导入期，如果某民航产品相较于替代产品在性能、效率、用户体验等方面展现出显著的优越性，消费者往往会更加关注产品本身带来的价值，而非聚焦于产品价格。

2．缓慢撇脂策略

缓慢撇脂策略是指民航企业花费少量的促销费用，以循序渐进的促销手段推出高价格、高利润率的民航新产品的做法。该策略强调以尽可能低的营销成本获得尽可能高的利润。

民航企业实施这一策略的适用条件包括：① 民航新产品已有一定的知名度，大多数消费者愿意支付高价；② 民航新产品的市场规模较小，民航市场中潜在竞争者的威胁不大；③ 民航产品能有效填补民航市场空白。

3．快速渗透策略

快速渗透策略是指民航企业花费高额的促销费用，以有力的促销手段推出低价格、低利润率的民航新产品的做法。该策略的目的在于先发制人，使民航新产品以最快的速度进入市场，取得尽可能高的市场占有率。

民航企业实施这一策略的适用条件包括：① 民航新产品的市场容量大，市场竞争激烈；② 潜在消费者对民航新产品不了解，且对价格十分敏感；③ 民航新产品的单位生产成本会随着生产规模的扩大而降低。

4．缓慢渗透策略

缓慢渗透策略是指民航企业花费少量的促销费用，以循序渐进的促销手段推出低价格、低利润率的民航新产品的做法。

民航企业实施这一策略的适用条件包括：① 民航新产品的市场容量较大，且民航市场上存在大量的潜在竞争者；② 消费者已了解这种民航新产品，且对价格十分敏感。

（二）成长期

在民航产品的成长期，民航产品已被消费者接受，市场需求激增，民航企业的销售

额和利润明显提高。然而，在这一阶段，众多竞争者看到其中的商机后会纷纷涌入这一领域，最终导致市场竞争加剧。为了继续维持或提升市场增长率，延长获取高额利润的周期，民航企业应做到以下几点。

1. 提升产品质量

产品质量是确保民航产品市场增长率稳步上升的关键。为了增强民航产品的市场竞争力，民航企业应不断提高产品质量，通过增加新功能、设计新款式、开发新型号、发掘新用途等方式，来吸引更多的消费者。

2. 寻找新的细分市场

民航企业在巩固原有细分市场的基础上，应积极探寻新的、尚未被充分挖掘的细分市场，深入分析这些细分市场中的消费者需求，并据此调整生产策略，拓宽产品的销售规模。

在寻找并进入新的细分市场时，除了要进行充分的市场调研及环境分析，民航企业还应当考虑哪些问题？和同学们讨论，说一说自己的看法。

进入新的细分市场时
应考虑的因素

3. 改变宣传重心

在这一阶段，民航市场中存在众多同类民航产品，且消费者对民航产品已有深入了解。为了吸引新的消费者，民航企业应及时调整市场营销策略，将宣传重心从单纯的产品介绍与知名度提升转移到品牌形象塑造上来，培养消费者对本企业民航品牌的偏好，进而在激烈的市场竞争中脱颖而出。

4. 适时降价

随着销量的提升，民航产品的规模经济效应日益凸显，这使得民航产品的单位成本持续降低，为民航企业创造了降价的空间。因此，民航企业应把握市场时机，适时降低产品价格，以激发价格敏感型消费者产生购买动机并采取购买行为，从而扩大市场份额。

（三）成熟期

在民航产品的成熟期，由于潜在消费者减少，民航企业的销售额会从快速上升趋于缓慢上升，甚至呈现下降趋势。同时，这一阶段的市场竞争较为激烈，众多品牌与款式的同类民航产品层出不穷。为了有效应对这一挑战，民航企业应采取主动出击的市场营销策略，旨在延长民航产品的成熟期或促使民航产品的生命周期实现再循环。

1. 市场开发策略

市场开发策略旨在发掘潜在的新消费群体，开发新的市场领域。民航企业应积极探索民航产品的新应用场景，通过重塑品牌定位或改变促销方式，激发现有消费者的重复

购买欲望或吸引新的消费者，提升民航产品的销量。

有人说："市场开发策略的成功完全依赖于企业能否发掘新市场，不需要对产品进行任何调整。"你认同上述观点吗？和同学们讨论，说一说自己的看法。

2. 产品改进策略

产品改进策略旨在通过优化民航产品的性能、设计、附加服务等来满足消费者的多样化需求。这一策略涉及民航产品整体概念中的任一层次，无论是对核心产品功能的提升、有形产品形式的革新，还是对延伸服务的完善，均为对民航产品的改进。

3. 市场营销组合调整策略

市场营销组合调整策略旨在通过综合调整产品、价格、渠道、促销等市场营销组合要素，来延长民航产品的成熟期，提升产品销量。

该策略具体包括：① 提升民航产品的品质，改良产品性能，丰富产品线等，以满足多样化的市场需求；② 采用特价销售、运费补贴、延期付款等手段，降低民航产品价格，向消费者提供更多优惠；③ 积极拓展、融合线上线下分销渠道，构建全方位的销售网络；④ 调整广告媒体组合，灵活安排广告发布的时间与频次，增强市场人员的推广力度，开展公共宣传，全方位提升品牌曝光度与市场吸引力。

A 企业的产品营销策略

A 企业是自动语音转换与翻译领域的佼佼者，其翻译器与录音笔等产品处于成长期迈向成熟期的过渡阶段。值得一提的是，该企业的翻译器和录音笔凭借其强大的功能，成为民航企业提升信息处理效率的得力助手。

为了深化市场渗透力，A 企业采取了一系列市场营销策略。例如，对于翻译器，A 企业深化与民航企业的合作，推出定制版本，并配置跨语言客服解决方案，全方位提升用户体验；对于录音笔，A 企业敏锐地捕捉到教育与培训市场的潜力，将其应用于飞行员、空乘人员等岗位的培训中，帮助相关企业提升培训效果。

（四）衰退期

在民航产品的衰退期，消费者偏好发生转移，民航产品的需求量、销量和利润显著下降，大多数民航企业会选择退出市场。面对这一挑战，民航企业必须进行深入的研究

与分析，审慎选择市场营销策略，以维持微利经营或保本运营。

1. 继续策略

继续策略表现为，民航企业维持现行市场营销策略不变，继续针对既定细分市场，沿用原有的定价策略、分销渠道和促销方式，直至该民航产品完成其市场生命周期并退出市场。该策略强调在稳定的市场条件下，通过持续有效的市场运营来维持现有消费群体和民航企业的市场地位。

2. 集中策略

集中策略表现为，民航企业把资源聚焦于最具潜力和盈利能力的细分市场，通过深度开发和精细运营这些细分市场，来延缓民航产品退出市场的时间，以持续从中获取利润。该策略不仅能够延长民航产品的衰退期，还能为民航企业创造更多的价值，在一定程度上缓解民航产品退出市场带来的经营和财务压力。

3. 收缩策略

收缩策略表现为，民航企业通过精简产品线、缩减促销费用（如减少销售人员数量、停止广告投入等）来降低运营成本，以维持一定的盈利水平。该策略可能会深化民航企业与忠诚消费者的关系，在短期内增加民航企业的利润，有利于民航企业平稳地退出市场，但同时也会加速民航产品的衰退过程。

民航贴士

收缩策略是一种过渡性的市场营销策略。民航企业实施收缩策略，通常意味着其正在逐步调整市场定位，为未来可能的市场退出、业务重组或战略转型做好铺垫，确保在变革浪潮中稳健前行。

4. 放弃策略

放弃策略表现为，民航企业果断放弃衰退速度快的民航产品，以便迅速转向新兴产品市场，占据更有利的市场地位。

实施放弃策略时，民航企业可以选择全面放弃，即完全终止民航产品的生产活动，同时考虑将该民航产品的商标及剩余库存转让；也可以选择渐进式放弃，即逐步将该民航产品所占用的资源调配至其他更具发展潜力的民航产品上，实现资源的优化配置。

 **任务实施**

探究民航产品的生命周期

全班学生以小组（6～8人）为单位，每组任意选择一家国内航空公司的2～3个民航产品作为研究对象，然后结合所学知识，完成以下任务。

（1）分析所选航空公司各民航产品所处的生命周期，并说明理由。

（2）探讨所选航空公司针对各民航产品采取的市场营销策略能否有效匹配民航产品当前所处的生命周期。若航空公司采取的市场营销策略存在不足，请提出具体可行的改进意见和建议。

（3）基于讨论结果，撰写分析报告，并根据分析报告制作一份演示文稿。

（4）派代表在课堂上进行 5 分钟左右的汇报。汇报过程中，其他同学可以参与互动，通过提问、讨论等方式增进交流。

（5）汇报结束后，指导教师进行评价。

任务评价

各小组成员可参考表 4-4 所列的评价标准对任务实施环节的具体表现进行评价，并请指导教师进行点评。

表 4-4　任务实施评价表

评价内容	评价标准	分值	评价分数	
			自评	师评
准备工作 （30 分）	分工明确，职责清晰	15		
	搜集的资料全面、准确，能充分支持后续工作	15		
技能实操 （50 分）	准确分析所选民航产品所处的生命周期	15		
	深入探讨航空公司采取的市场营销策略与民航产品所处生命周期的匹配度	15		
	针对民航产品营销策略的不足提出改进意见和建议	20		
成果呈现 （20 分）	分析报告内容全面，逻辑清晰	10		
	演示文稿设计美观，内容简洁明了	10		
合计		100		
总评	自评（30%）+师评（70%）=		教师（签名）：	

 打造民航品牌

📖 **任务导入**

创新服务产品　打造精品品牌

　　春节期间，如何带宠物一起出行，成为许多宠物主人面临的难题。为了进一步提升服务质量，满足广大爱宠人士的出行需求，金鹏航空有限责任公司（以下简称"金鹏航空"）在春节期间特别推出"宠物进客舱"服务的升级举措。

　　自 2025 年 1 月 9 日起，除上海浦东外，金鹏航空增加了 7 个可以承接客舱宠物运输服务的站点，为更多携带宠物的旅客提供便捷、舒适的同行服务。此外，金鹏航空还精益求精，进一步打磨服务细节，确保人宠出行旅程的温馨和安心。具体而言，在宠物登机前，金鹏航空会做好一系列详尽而周到的检查工作，对座位进行合理安排；在飞行过程中，乘务员会随时关注宠物的情况，并与宠物主人进行沟通，确保宠物的卫生与安全；飞机落地后，金鹏航空会对携带宠物旅客的座位及周边区域进行重点清洁。

　　未来，金鹏航空将不断升级创新服务产品，用实际行动传递爱与温暖，为广大旅客提供更加多元化、人性化的服务体验，打造"旅客首选"全服务精品航空公司品牌。

（资料来源：孙文瑾，《金鹏航空"宠物进客舱"服务新增 7 个站点》，
中国民航网，2025 年 1 月 13 日）

❓ 金鹏航空是如何打造"旅客首选"航空公司品牌的？

一、民航品牌概述

　　民航品牌是指由名称、术语、符号、图案、设计及其组合构成的集合，可用于识别某个民航企业或某类民航产品。民航品牌主要包括品牌名称和品牌标志两部分。

（一）品牌名称

　　品牌名称是指民航品牌中可以用语言表达的部分，通常由文字、字母等构成，如东方航空、南方航空、海南航空等。品牌名称是构建民航品牌的基础，一个好的品牌名称应当与民航企业的核心产品、价值理念等存在明确的内在联系，能直观反映企业的特色。

民航品牌的作用

（二）品牌标志

　　品牌标志是指民航品牌中可以用视觉来感受和识别，但无法用语言表达的部分，包

括字样、颜色、符号、图案、设计等内容。品牌标志主要依托于视觉效果来传递品牌信息，强化品牌形象。一个好的品牌标志除了同时具备独特性、简洁性等特征，还应当足够醒目且具有辨识度，能被消费者迅速识别并记住。

民航视窗

区分品牌、商标和名牌

（1）品牌属于市场概念，由显性要素和隐性要素构成。显性要素能直接触动消费者的感官世界，并为其留下深刻印象，如品牌名称、品牌标志等；隐性要素是品牌的灵魂，贯穿于品牌塑造的全过程，如品牌的承诺、价值主张等。

（2）商标是经国家工商管理机构注册登记并受法律保护的一种识别符号。商标属于法律范畴，任何未经授权的复制均属于违法行为。本质上，商标与品牌是从不同维度共同诠释着同一事物。

（3）名牌是消费者认可和信赖的著名品牌。名牌往往集卓越品质、优质服务、良好信誉、雄厚实力、悠久历史、文化底蕴于一体，享有广泛的知名度和认同度，深受消费者喜爱。

头脑风暴

有人说："产品是实，品牌是虚。只有实，没有虚，产品卖不好。"还有人说："产品之间日趋同质化，但贴上品牌标签，其命运就截然不同了。"你认同上述观点吗？和同学们讨论，说一说自己的看法。

二、民航品牌策略

为了使民航品牌在市场营销中更好地发挥作用，民航企业必须采取有针对性的品牌策略。

（一）统一品牌策略

统一品牌策略是指民航企业对所有民航产品统一使用相同品牌的一种做法。

该策略的优点在于：① 可以彰显民航企业的实力，有助于塑造良好的市场形象；② 能够借助品牌已有的知名度和口碑推广民航新产品，且快速被消费者接受，扩大品牌效应；③ 在保证同一品牌所有产品品质相当的情况下，可以节省大量品牌设计费与广告宣传费的投入。

但是，该策略模糊了民航产品间的质量差异与档次划分，不便于消费者精准选购。尤其需要注意的是，一旦某一民航产品出现质量问题，其负面影响可能会迅速波及至同一品牌下的其他产品，对民航企业的品牌形象与市场地位构成潜在威胁。

民航视窗 ●●●●●●●●●●●●●●●●●●●●●●●●●●●●●●●●●●

品牌效应

　　品牌效应是指民航品牌在社会或经济等方面产生的影响。从社会层面来看，品牌效应可以提高民航企业的知名度和声誉；从经济层面来看，品牌效应可以为民航企业带来持续的经济效益。一般情况下，品牌效应主要包括以下几种类型。

　　（1）磁场效应。知名度高、声誉好的民航品牌往往能吸引并留住现有消费者，并建立起较高的品牌忠诚度，从而巩固市场地位，提高市场竞争力。

　　（2）扩散效应。知名度高、声誉好的民航品牌往往会获得消费者的信任和好感，这些消费者会主动传播形成扩散效应，从而带动民航产品获得市场认可。

　　（3）聚合效应。知名度高、声誉好的民航品牌往往会吸引较多的优质资源，能够帮助民航企业在短时间内扩大合作网络，为其发展壮大奠定基础。

（二）个别品牌策略

　　个别品牌策略是指民航企业对民航产品冠以不同品牌的一种做法。该策略可细化为以下两种：一种是针对同类民航产品，依据其质量等特性差异引入多样化品牌；另一种是针对种类繁多的民航产品分别赋予不同的品牌。

　　该策略的优点在于：① 可以区分民航产品的品质层级，避免产品混淆，便于消费者选择符合自身需求的民航产品；② 能避免民航企业整体形象与个别民航产品联系过密，有效隔离单一产品问题对民航企业整体品牌价值的潜在损害。

　　但是，由于每个品牌的引入都需要进行独立的市场调研与营销推广，民航企业采用这种策略时需要投入大量的人力、资金等。

（三）产品线策略

　　产品线策略是指民航企业将同一品牌用于不同产品线的一种做法。一般情况下，民航企业会采用"品牌名称+产品系列名称"的命名方式，来区分不同产品线的民航产品。产品线策略不仅能利用民航企业的声誉增加民航产品的市场接受度，还能有效凸显民航产品的特色与优势，满足消费者日益多样化的需求。

（四）品牌延伸策略

　　品牌延伸策略是指民航企业将现有成功品牌用于改良民航产品或民航新产品的一种做法。该策略不仅可以减少推广成本，降低市场风险，还有助于强化品牌效应，提升核心品牌形象。但采用该策略时，延伸产品与原品牌产品的差异如果过大，可能会淡化原有品牌的特征和形象，造成消费者认知上的混淆，从而增加其选择难度。

　　因此，民航企业在实施品牌延伸策略时，必须定期评估该策略对原有品牌带来的综

合影响，以确保品牌形象保持精准定位与鲜活生命力。只有品牌延伸策略运用得当，品牌效应才能实现"1+1>2"的增值。

 **任务实施**

优化民航品牌策略

全班学生以小组（6~8人）为单位，每组任意选择一家国内航空公司作为研究对象并搜集相关资料，然后结合所学知识，完成以下任务。

（1）搜集并整理所选航空公司的品牌基本信息，包括品牌标志、品牌定位等。

（2）分析所选航空公司在市场中的品牌形象，包括消费者对其品牌的认知度、好感度、忠诚度等。

（3）识别所选航空公司现有民航品牌策略及当前策略中存在的不足。

（4）假设你是所选航空公司的品牌经理，请你根据公司现有品牌定位，有针对性地提出品牌策略优化意见和建议。

 **任务评价**

各小组成员可参考表4-5所列的评价标准对任务实施环节的具体表现进行评价，并请指导教师进行点评。

表4-5　任务实施评价表

评价内容	评价标准	分值	评价分数	
			自评	师评
准备工作 （30分）	分工明确，职责清晰	15		
	搜集的资料全面、准确，能充分支持后续工作	15		
技能实操 （50分）	准确评估消费者对所选航空公司品牌形象的认知度、好感度、忠诚度	15		
	清晰识别所选航空公司的品牌策略	15		
	深入剖析所选航空公司品牌策略的问题所在	20		
成果呈现 （20分）	优化意见和建议针对性强，与现有品牌定位紧密相关	10		
	优化意见和建议具有创新性和可行性，能有效提升品牌形象	10		
合计		100		
总评	自评（30%）+师评（70%）=		教师（签名）：	

一、单项选择题

1.（　　）是民航产品最基本、最本质的层次。

　　A．延伸层　　　　　　　　　　B．形式层

　　C．核心层　　　　　　　　　　D．扩展层

2．产品组合的（　　）是指民航企业产品组合中所拥有的产品线数量。

　　A．广度　　　　　　　　　　　B．深度

　　C．长度　　　　　　　　　　　D．关联度

3．（　　）是指民航产品打开销路后的销售增长阶段。

　　A．导入期　　　　　　　　　　B．成长期

　　C．成熟期　　　　　　　　　　D．衰退期

4．下列选项中，（　　）不属于民航新产品的开发策略。

　　A．领先开发策略　　　　　　　B．跟随开发策略

　　C．系列开发策略　　　　　　　D．差异开发策略

5．（　　）是指民航品牌中可以用视觉来感受和识别，但无法用语言表达的部分。

　　A．品牌标志　　　　　　　　　B．品牌符号

　　C．品牌名称　　　　　　　　　D．品牌图案

二、多项选择题

1．民航产品的特征包括（　　）。

　　A．无形性与有形性并存　　　　B．安全性要求高

　　C．不可存储性　　　　　　　　D．多样性

2．产品线延伸的方式包括（　　）。

　　A．向下延伸　　　　　　　　　B．向外延伸

　　C．向内延伸　　　　　　　　　D．向上延伸

3．民航产品的生命周期可分为（　　）。

　　A．导入期　　　　　　　　　　B．成长期

　　C．成熟期　　　　　　　　　　D．衰退期

4．民航产品衰退期的市场营销策略包括（　　）。

　　A．继续策略　　　　　　　　　B．集中策略

　　C．收缩策略　　　　　　　　　D．放弃策略

5. 民航品牌策略的类型包括（   ）。

    A．统一品牌策略   B．个别品牌策略

    C．产品线策略   D．品牌延伸策略

三、简答题

1. 简述民航产品的整体概念。

2. 简述民航新产品的开发意义。

3. 简述统一品牌策略的优缺点。

四、案例分析题

品一杯好酒，感受空中乐趣

在乘坐飞机时，在万米高空上品酒本来就比在地面上多了些小趣味，如果再能尝到自己喜欢的口味，这样的旅程无异于一次不可多得的享受。

作为厦门航空有限公司（以下简称"厦门航空"）为旅客提供的一个优质品酒服务项目，"天际酒廊"堪称是其"精尊细美"服务文化、红酒风土文化、福建在地非遗文化、中华古典美学文化相互碰撞的服务典范。为此，厦门航空培训了一批专业、优雅的"天际侍酒师"为旅客在飞机上提供全球范围内精选的多样美酒。

在餐酒搭配上，厦门航空更是别出心裁，针对不同航线的旅客饮食习惯差异，为飞往不同目的地的航班提供特色餐酒搭配。航班上的每一道菜品均与特定酒款相得益彰，美酒与美食的完美融合，为旅客带来了一场难以忘怀的空中味蕾盛宴。

（资料来源：王亚玲，《品一杯好酒，感受空中乐趣》，中国民航网，

2023 年 3 月 13 日）

厦门航空为何推出空中品酒服务？

项目五

随机应变
——民航市场营销的价格策略

学习目标

知识目标

（1）了解民航产品的定价目标。
（2）熟悉民航产品定价的影响因素和方法。
（3）掌握民航产品的定价策略。

技能目标

（1）能够根据民航企业的实际情况选择合适的定价方法。
（2）能够根据民航产品的定价策略为不同民航产品制订合适的价格。

素养目标

（1）培养精湛的专业技能，提升职业素养。
（2）注重细节，培养精益求精的职业精神。
（3）培养良好的决策能力和协调能力。

任务一　熟悉民航产品的定价原理

任务导入

海南三亚航班价格暴涨的原因

近年来，飞往海南三亚的航班价格暴涨，这一现象深刻影响着当地的经济发展和旅游市场。其背后的主要原因可归结为以下几点。

（1）供求关系失衡。随着国民经济的持续发展和民众生活水平的显著提升，人们对海南三亚这一热门旅游地的需求急剧膨胀。尤其是在春节、节假日等特殊时期，游客量激增导致航班座位供不应求。根据市场规律，供求关系失衡会推动航空公司提高票价，以平衡民航市场。

（2）市场竞争加剧。面对海南旅游市场的持续火爆，多家航空公司加大资本投入，导致市场竞争日趋激烈。为了吸引并留住更多的消费者，各家航空公司不得不不断调整票价。但在供求关系失衡的情况下，减少折扣、取消优惠等举措成为常态，这进一步提升了票价的整体水平。

（3）政府政策导向与干预。在春节、节假日等特殊时期，为了维护市场秩序，政府不仅会对民航市场进行调控，如要求航空公司增加航班班次以满足更多旅客的出行需求等，还会对航空公司实施一定的价格监管措施。这些政策在一定程度上均会影响航班价格的波动。

（4）航空燃油成本上升。作为航空公司运营成本的重要组成部分，燃油价格的波动会直接影响航班价格。受国际原油价格、市场供求关系等多重因素影响，当燃油成本上升时，航空公司会将这部分成本转嫁到票价上。

（5）航空公司定价策略的调整。部分航空公司为了追求更高的利润，可能采取较为激进的定价策略，如提高基础票价水平等。这也是导致航班价格上涨的一个重要因素。

（资料来源：吴国栋，《关于海南三亚航班价格暴涨的思考》，

民航新型智库网，2024年2月22日）

?　民航产品价格上涨的影响因素可以归集为几种类别？

一、民航产品的定价目标

在不同的发展阶段与市场环境下，民航企业往往会围绕不同的定价目标灵活调整产品价格，以应对多变的消费者需求和激烈的市场竞争。定价目标越明确，产品定价就越容易。一般情况下，民航企业的定价目标包括以下几个方面。

（一）保持产品价格稳定

在市场竞争激烈、经济形势瞬息万变的情况下，民航企业的定价目标应聚焦于"保持产品价格稳定，维持企业生存和发展"。该定价目标不仅能够有效规避价格战带来的恶性竞争，还有助于维护良好的市场秩序，巩固民航企业的市场地位。此外，以保持产品价格稳定为定价目标，还能巧妙平衡民航产品的成本和需求，为民航企业的持续运营提供坚实保障。

（二）实现利润最大化

民航企业作为一个经济组织，其核心定价目标就是实现利润最大化。当产品成本低于行业平均水平时，民航企业可能会选择制订较低的价格，以利用其成本优势吸引消费者，从而增加市场份额，获取更大的利润空间。然而，这种凭借成本优势取得的市场领先地位往往是暂时的，因为竞争者会不断追赶并试图超越。因此，民航企业在制订产品价格时，要在兼顾长期市场地位和可持续发展的前提下追求利润最大化目标。

> **头脑风暴**
>
> 对于民航企业来说，仅以利润最大化作为定价目标，可能会使企业面临哪些潜在的风险和挑战？民航企业应当如何平衡利润追求与企业长期发展之间的关系？和同学们讨论，说一说自己的看法。

（三）维持并提高市场占有率

市场占有率对于民航企业的生存和发展至关重要，它不仅是民航企业长期利润增长的基石，也是衡量企业竞争力的重要标尺。因此，维持并提高市场占有率是民航企业普遍追求的定价目标之一。

（四）应对竞争者

在进行产品定价前，民航企业要全面搜集并分析同类产品的质量、价格等信息，然后与自身产品进行比较。一般情况下，资本实力较弱的民航企业可以采用与竞争者价格相同或略低的价格，资本实力较强且市场占有率不断提高的民航企业可以制订低于竞争

者的价格，资本实力雄厚且掌握独特核心技术的民航企业可以制订高于竞争者的价格。

民航贴士

上述定价目标并非相互排斥，它们只是民航企业多元化定价目标中的一个方面，而非全部范畴。在制订产品价格时，民航企业需要综合考虑多种定价目标。

二、民航产品定价的影响因素

民航企业对产品进行定价时，需要考虑成本、市场、其他环境等因素的影响。

（一）成本因素

成本是民航产品定价的最低经济界限，也是民航企业正常生存的底线。一般情况下，民航企业的产品成本由固定成本和变动成本两部分构成。固定成本不受企业业务量变化的影响，如飞机购置费和租赁费、机组人员和地面工作人员的工资等；变动成本会随着企业业务量的增减变化成比例变动，如航油燃料费、机场起降费、机场停放费等。

由于民航企业的运营成本较高，部分民航产品的时效性也比较强，低于成本的定价会给民航企业带来无法挽回的损失。因此，民航企业在进行产品定价时，更需要考虑成本与效益的综合平衡。

（二）市场因素

市场因素主要包括市场供求状况和市场竞争状况两个方面。

1. 市场供求状况

当市场需求旺盛时，对于供不应求的民航产品，民航企业处于有利地位，便可以适当抬高民航产品的价格以获得更多利润；当市场需求萎靡时，对于供过于求的民航产品，民航企业处于不利地位，为了将民航产品卖出去，则需要适当降低民航产品的价格。

民航视窗

需求价格弹性

一般情况下，民航产品的价格受产品供给和市场需求相互作用的影响。相应地，民航产品的价格变动也会影响产品的市场需求量。因此，在制订民航产品价格时，民航企业需要了解产品价格变动对市场需求量变动的影响程度，即需求价格弹性。需求价格弹性的计算公式为

需求价格弹性＝需求量变动的百分比÷价格变动的百分比

根据需求规律可知，需求量和产品价格呈反方向变动。因此，需求价格弹性总是负数。在只考虑其绝对值的情况下，需求价格弹性的具体含义如表 5-1 所示。

表 5-1　需求价格弹性的含义

需求价格弹性	类型	含义
无穷大	完全有弹性	产品价格的微小变动会导致需求量的无限变动
大于 1	富有弹性	产品价格的变动会导致需求量的大幅变动
等于 1	单位弹性	产品价格的变动会导致需求量相同幅度的变动
小于 1	缺乏弹性	产品价格的变动会导致需求量的小幅变动
等于 0	完全无弹性	产品价格的任何变动都不会导致需求量的变动

2. 市场竞争状况

根据垄断程度的不同，市场竞争状况可分为完全竞争、垄断竞争、寡头垄断和完全垄断四种模式。在不同的竞争市场上，民航企业应根据市场竞争的特点来制订民航产品的价格。

（1）在完全竞争市场上，由于买方和卖方数量庞大且分散，加上民航产品高度同质化，各个民航企业所占的市场份额相对较小，且无法影响市场价格。因此，民航产品的价格是在市场机制的调节作用下，由供求双方的自发力量形成的，民航企业只能按照这一市场价格开展民航产品的销售活动。

（2）在垄断竞争市场上，尽管买卖双方的数量依然较多，但各个民航企业所提供的民航产品在质量、样式等方面存在着明显的差异。这种产品差异化赋予民航产品一定的垄断性，使民航企业拥有更大的定价自主权。

（3）在寡头垄断市场上，实力雄厚的民航企业巨头共同占据了市场中的绝大多数份额，它们一定程度上能影响和控制民航产品的价格。但是，各个寡头之间存在着相互依存、相互制约的复杂关系。因此，民航企业制订产品价格时，需要谨慎考虑其他寡头的定价策略和市场动态，避免引发价格战或市场波动。

（4）在完全垄断市场上，某种民航产品的生产和销售完全由一家实力雄厚的民航企业控制，市场上无其他竞争者介入。在国家法律框架允许的范围内，该民航企业享有高度的定价自主权。

（三）其他环境因素

1. 消费者心理和习惯

消费者心理和习惯上的反应是一个复杂的领域，它们受个人经历、文化背景、社会经济地位、价值观等多重因素的影响。在研究消费者心理和习惯对民航产品价格的影响时，民航企业要仔细观察它们相互作用和变化的规律，以精准定价，提升市场竞争力。

2．政府或行业组织干预

政府或行业组织干预民航产品定价，大多是为了维护民航市场的经济秩序，以促进民航业的健康发展。政府作为监管主体，通常采取立法、经济手段等一系列措施来影响民航产品的定价，如对偏远地区航线提供补贴等。行业组织往往通过制订行业标准、自律规范等方式，对民航产品的价格进行限制和要求，防止出现价格战等恶性竞争行为，维护民航业的整体利益和形象。

3．企业或产品形象

为了强化定位理念与品牌形象，民航企业往往会灵活调整产品价格。例如，为了塑造热心公益事业的企业形象，民航企业会为特定公益性质的民航产品制订一个较低的价格；为了构建高端、奢华的产品形象，民航企业则会为部分民航产品制订一个较高的价格。

三、民航产品的定价方法

根据影响民航产品定价因素的不同，民航企业可以采用以下几种定价方法来制订产品价格。

（一）成本导向定价法

成本导向定价法是指民航企业以产品成本为主要依据，综合考虑其他因素来制订产品价格的方法。这种定价方法可分为以下几种形式。

1．成本加成定价法

成本加成定价法是指民航企业在单位产品成本的基础上加上一定比例的利润，来制订民航产品价格的一种方法。产品价格与成本之间的利润差额即为"加成"。成本加成定价法的计算公式为

$$单位产品价格=单位产品成本×（1+加成率）$$

其中，加成率是企业在一个特定时间段（通常为一年），净利润与成本之间的比例关系。它反映了企业每单位成本所产生的净利润。

这种定价方法计算简便，能保证民航企业的产品成本得到补偿，并取得一定的利润。但该方法通常会忽略市场供求关系的变化，难以适应复杂多变的市场竞争状况。因此，成本导向定价法一般适用于市场需求相对稳定且价格弹性较小的民航产品。

2．边际贡献定价法

边际贡献定价法是指民航企业不考虑固定成本，在变动成本的基础上加上预期边际贡献，来制订民航产品价格的一种方法。其中，边际贡献是指销售收入减去变动成本后的余额。边际贡献定价法的计算公式为

$$单位产品价格=（变动成本+边际贡献）÷产品数量$$

这种定价方法可以确保民航产品的销售收入足以维持企业的日常运营。与成本加成定价法相比，边际贡献定价法制订的产品价格更低，这有利于增强民航产品的市场竞争力。但该方法可能会掩盖生产经营中的一些非正常费用支出，从而阻碍民航企业经济效益的提升。

3. 损益平衡定价法

损益平衡定价法是指民航企业以自身的销售收入与总成本保持平衡为原则，来制订民航产品价格的一种方法。损益平衡定价法的计算公式为

损益平衡价格=总成本÷损益平衡销量

其中，损益平衡价格、损益平衡销量分别是利润为零时的单位产品价格和销量。

这种定价方法的关键在于精准预测总成本和损益平衡销量。为了避免陷入价格战，民航企业往往需要采用该方法来设定价格底线，以在一定程度上维持民航企业的市场竞争力。

4. 目标利润定价法

目标利润定价法是指民航企业根据民航产品的总成本、目标利润和预期销量，来制订民航产品价格的一种方法。目标利润定价法的计算公式为

单位产品价格=（总成本+目标利润）÷预期销量

这种定价方法能保证民航企业实现预期的利润目标，但前提是民航企业能精准测算民航产品的销售价格与预期销量之间的关系，避免出现民航产品定价后销量不足而达不到预期目标利润的被动情况。

（二）需求导向定价法

需求导向定价法是指民航企业以市场需求为主要依据来制订产品价格的方法。这种定价方法可分为以下几种形式。

1. 习惯定价法

习惯定价法是指民航企业依据长期被消费者接受和承认并成为习惯的价格，来制订民航产品价格的一种方法。采用这种定价方法时，民航企业不能轻易调整民航产品的价格，避免因降价引起消费者对产品质量等方面的怀疑，或者因涨价影响民航产品的销路。

2. 可销价格倒推法

可销价格倒推法是指民航企业基于市场可接受的零售价格反向推算产品出厂价或批发价，来制订民航产品价格的一种方法。这种定价方法旨在确保民航企业满足市场需求的同时，实现利润最大化。

3. 需求差异定价法

需求差异定价法是指民航企业根据消费者对同种产品的需求差异，来制订民航产品价格的一种方法。例如，对于同一民航产品，民航企业可以针对不同的消费者群体（如会员、非会员等）制订不同的

需求差异定价法的
主要形式

价格，还可以根据不同的时间维度（如节假日、旅游淡旺季等）、地理位置（如机场、旅游区等）、销售渠道来制订不同的价格。

采用需求差异定价法的前提包括以下几个方面：① 市场可以细分，且各细分市场间具有不同的需求价格弹性；② 价格歧视不会引起消费者的反感，且低价细分市场的消费者没有机会将民航产品转卖给高价细分市场的消费者；③ 竞争者不可能在高价细分市场上进行低价竞争。

民航视窗

成本导向定价法与需求导向定价法的比较

（1）成本导向定价法的核心在于以产品成本为基础制订民航产品价格，它遵循"一物一价"的原则，即相同产品面向所有消费者均采取统一定价。这种定价方法虽简便易行，但忽视了消费者需求的变化及消费者对民航产品价值认知的差异。

（2）需求导向定价法聚焦于市场需求和消费者行为上，它强调"一人一价"的灵活定价理念，即根据消费者的需求、偏好及购买能力来制订民航产品价格。这种定价方法更加贴近市场实际，有助于民航企业捕捉市场机遇，满足多样化的消费需求。

（三）竞争导向定价法

竞争导向定价法是指民航企业以市场竞争者的同类产品价格为依据来制订产品价格的方法。这种定价方法可分为以下几种形式。

1. 同行价格定价法

同行价格定价法，又称"随行就市定价法"，是指民航企业依据竞争者同类产品的价格或行业平均价格，来制订民航产品价格的一种方法。这是一种比较稳妥的定价方法，尤其为中小民航企业普遍采用。同行价格定价法既可以避免挑起价格竞争，减少市场风险，又可以补偿平均成本，获得一定的利润，适用于需求价格弹性较小，供需基本平衡的民航产品。

2. 竞争价格定价法

竞争价格定价法是指民航企业通过比较、分析市场上同类竞争产品的价格水平，结合自身的成本、质量、特色、优势、定位等因素，来制订民航产品价格的一种方法。与同行价格定价法相反，竞争价格定价法是一种主动定价方法，一般为实力雄厚、独具特色的民航企业所采用。

3. 拍卖定价法

拍卖定价法是指民航企业委托拍卖行，以公开叫卖的方式引导买方报价，利用买方竞争求购的心理，从中选择高价成交的一种定价方法。该方法主要适用于品质不易标准化的民航产品。例如，某机场举办"黄金航班时刻"拍卖活动，吸引了多家航空公司参

与竞拍，并最终以最高价与某航空公司达成了交易。

 **任务实施**

研讨民航产品的定价

全班学生以小组（6~8 人）为单位，每组任意选择一家民航企业的 2~3 种产品作为研究对象，并结合所学知识，完成以下任务。

（1）对比所选民航产品的价格与市场同类产品价格的差异，并分析造成这些价格差异的可能原因。

（2）识别所选民航企业采用的定价方法，并深入讨论可能影响民航产品定价的因素。

（3）小组内部组织研讨会，针对所选民航企业的产品定价是否合理进行充分讨论，并说明理由。

（4）讨论结束后，派代表在课堂上陈述各小组的研讨成果。

（5）陈述完毕，小组间互动交流，从不同视角分享自己的见解。

（6）指导教师对整个活动进行评价。

 任务评价

各小组成员可参考表 5-2 所列的评价标准对任务实施环节的具体表现进行评价，并请指导教师进行点评。

表 5-2　任务实施评价表

评价内容	评价标准	分值	评价分数	
			自评	师评
准备工作（30 分）	全面搜集所选民航企业及市场同类产品的价格信息	15		
	职责明确，分工合理	15		
技能实操（50 分）	准确对比所选民航产品与市场同类产品的价格差异	15		
	准确识别所选民航企业采用的定价方法	15		
	全面考虑影响民航产品定价的各种因素	20		
成果呈现（20 分）	全面、高质量地完成研讨任务	10		
	研讨成果内容完整，逻辑性强	10		
合计		100		
总评	自评（30%）+师评（70%）=		教师（签名）：	

任务二　掌握民航产品的定价策略

任务导入

打好价格牌

　　某航空公司之所以能成为行业内的佼佼者，主要得益于其定价策略。自成立之初，这家航空公司便明确将提供经济实惠的机票价格作为其核心竞争优势，通过有效控制成本为旅客提供低价机票，成功吸引了大量对价格较为敏感的消费群体。

　　在降低运营成本方面，该航空公司取消了多项传统航空服务，如免费餐食、座位预选等，进而将节约的成本转化为更具吸引力的机票价格优势，吸引了大量短距离旅客，增强了市场竞争力。

　　此外，该航空公司还经常推出特价机票、积分奖励与兑换等活动，利用社交媒体平台广泛传播优惠信息。这不仅大幅提升了机票销量，还增强了品牌的市场认知度，使得消费者在权衡价格与服务时，更倾向于选择这家航空公司。

　　? 该航空公司采取了哪种定价策略？

一、民航新产品的定价策略

　　民航新产品的定价是否合理，直接关系到民航企业能否打开产品销路，占领目标市场，从而获得预期利润。具体而言，民航新产品的定价策略包括以下几种。

（一）撇脂定价

　　撇脂定价是指在民航新产品上市初期把价格定得较高，利用消费者求新、求奇的心理，在短期内获取尽可能多的利润并收回投资成本的一种定价策略。该策略可以赋予民航企业灵活调整产品价格的主动权，但也可能因高利润吸引众多竞争者涌入市场。此外，若民航新产品未能获得消费者青睐，则会导致库存积压，造成企业亏损。因此，该策略要求民航企业能精准预测市场需求。

撇脂定价的优缺点

　　一般情况下，该策略适用于以下几种情形：① 民航新产品有特色且吸引力强，在质量、性能上拥有明显优势，且无法在短期内被竞争者仿制；② 民航新产品的市场需求旺盛，且消费者对价格的敏感度较低。

A 航空公司的撇脂定价策略

A 航空公司的商务舱升级服务是其最成功的产品之一。虽然该公司的商务舱升级套餐价格高达 3 000 元，但是凭借其卓越的舒适度、个性化服务等，迅速吸引了众多追求高端飞行体验的旅客。

通过观察市场对这一高端服务的需求状况，A 航空公司捕捉到了进一步的"撇脂"空间。在不到一年的时间内，公司推出了更为奢华的升级版商务舱套餐，定价高达 4 500 元。这次升级不仅保留了原有服务，还创新性地提供了空中私人管家等一系列定制化服务，将飞行体验提升至前所未有的境界。尽管商务舱套餐的价格进一步提升，但依然受到了这部分旅客的热烈追捧。

（二）渗透定价

渗透定价是指在民航新产品上市初期把价格定得较低，利用消费者的求廉心理，快速打开销路、占领市场，以谋取长远利益的一种定价策略。该策略不仅能够吸引大量消费者，加速新产品的市场渗透，还能在一定程度上形成市场壁垒，阻止潜在竞争者进入。但是，由于新产品上市初期定价较低，民航企业的利润空间较窄，短期内难以快速收回投资成本，具有一定的风险性。

渗透定价策略的成功实施需要满足以下条件：① 民航新产品的市场需求潜力巨大，消费者对价格的敏感度较高，降低价格能有效刺激市场需求快速增长；② 民航新产品存在规模经济效益，扩大生产规模可以降低产品成本；③ 新产品定价较低不会引发行业内其他民航企业的恶性价格战。

为了避免触发恶性价格战，获得长期的竞争优势和可持续发展，民航企业在实施渗透定价策略时，应如何有效应对利润空间压缩的风险？

（三）温和定价

温和定价是指在民航新产品上市初期把价格定得较为适中，使企业既能获得合理的利润，又能吸引消费者购买，并赢得消费者好感的一种定价策略。

温和定价策略比较稳妥，既可以避免因定价过高而带来的市场风险，又可以避免因定价过低引起的经营困难，保障民航企业获取平均利润的同时，兼顾消费者的利益。该策略主要适用于批量生产、批量销售、市场稳定、需求价格弹性较小的民航产品。

二、民航产品的差别定价策略

差别定价策略是指民航企业针对同一产品设定不同价格的做法。常见的差别定价策略有以下几种。

（一）消费者差别定价

消费者差别定价是指民航企业根据消费者的不同情况，对同一种民航产品设定不同价格的一种定价策略。例如，航空公司会根据旅客的信用状况、会员等级等来确定机票价格和相关权益，信用良好、飞行频率高的会员可能会享受到更多的免费行李额度、更低的机票折扣。

此外，民航企业为了承担社会责任或树立公益形象，也会向特定群体提供优惠价格。例如，航空公司向参与特定公益活动或社会服务的志愿者、医护人员等提供机票折扣或免费机票。

（二）产品形式差别定价

产品形式差别定价是指民航企业对不同规格的同类产品设定不同价格的一种定价策略。例如，航空公司热门航线的机票价格通常高于冷门航线的机票价格，商务舱的机票价格通常高于经济舱的机票价格，等等。

 同步案例

民航飞行套餐

为了提升销量并满足广大旅客的多样化需求，部分航空公司创新性地推出了飞行套餐，如不限次飞行套餐和限次飞行套餐。

（1）不限次飞行套餐，即在有效期内，旅客可以享受无限次指定航空公司的航班预订与乘坐服务，超出有效期则视为失效。不限次飞行套餐有"30天无限飞""90天无限飞"等，分别享受不同力度的折扣优惠，部分套餐还包含免费行李额、机场贵宾室使用权等优惠，适用于频繁出差、旅行等需要经常乘坐飞机的旅客。

（2）限次飞行套餐，即在有效期内，旅客可以享受限定次数指定航空公司的航班预订与乘坐服务，次数使用完或超出有效期视为失效。限次飞行套餐有"7天3次飞""15天5次飞""30天10次飞"等，适用于出差、旅行等频率不高但偶尔需要乘坐飞机的旅客。

（三）销售时间差别定价

销售时间差别定价是指民航企业对不同季节、不同时间的产品设定不同价格的一种定价策略。例如，旅游旺季、节假日等特殊时期的机票价格通常高于淡季。

（四）产品位置差别定价

产品位置差别定价是指民航企业对处在不同位置或不同地区的产品设定不同价格的一种定价策略。例如，航空公司通常会根据航班的起飞和降落地点、飞行距离等相关因素来设定机票价格，飞往偏远地区航班的机票价格一般比飞往一线城市航班的机票价格高，长途航班的机票价格一般比短途航班的机票价格高。

民航视窗　

采取差别定价策略的注意事项

民航企业采取差别定价策略时，应注意以下几个问题。

（1）市场细分。差别定价策略要求民航企业必须对民航市场进行细分，且保证每个细分市场的需求和偏好存在差异。只有准确地划分市场，民航企业才能为每个细分市场的民航产品制订合适的价格。

（2）防止套利。差别定价策略要求民航企业必须采取一定的措施防止套利行为的发生，避免因价格差异过大导致消费者在低价市场购买产品，然后在高价市场出售，从而损害民航企业的利益。

（3）保持稳定。差别定价策略要求民航产品价格保持稳定，避免因价格波动过大引起消费者的不信任，进而影响民航企业的品牌形象和长期发展。

（4）避免违法。差别定价策略要求民航企业了解并遵守相关法律法规，避免发生定价歧视、价格欺诈等违法行为。

（5）持续改进。差别定价策略要求民航企业根据市场环境和消费者需求的变化，持续改进产品质量，调整产品价格，以确保民航产品定价的有效性。

三、民航产品的组合定价策略

当民航企业同时经营多种产品时，产品定价需要着眼于整个产品组合的利润最大化。组合定价策略是指民航企业把不同的产品组合在一起，并对其进行集合定价的做法。常见的组合定价策略有以下几种。

（一）选择品定价

选择品定价是指民航企业根据产品的不同属性，设定不同的价格，以满足不同消费

者需求的一种定价策略。例如，一些航空公司会根据提供的餐饮、娱乐系统等服务，设定不同的机票价格，从而为旅客提供更多的选择。

（二）捆绑定价

捆绑定价是指民航企业将具有互补性或关联性的一组产品进行捆绑销售和定价的一种定价策略。一般情况下，捆绑产品组合的价格会低于分别购买每一种产品的价格总和。例如，单程机票的价格为 2 000 元，往返机票的价格仅为 3 500 元。虽然捆绑定价需要民航企业适度让利，但整体来看，企业的利润会随着销量的增加而提升。

　　捆绑定价是民航企业常用的一种组合定价策略。对民航企业来说，捆绑定价能为其带来哪些好处？和同学们讨论，说一说自己的看法。

（三）分部定价

分部定价是指民航企业将产品的整体定价拆分为一个基础性定价和其余强制性定价的一种定价策略。例如，部分航空公司设定的机票价格仅包含基本的飞行服务，对于某些便利性服务、特殊性服务，如额外行李额、特制飞机餐食、优先选座和登机、机上 Wi-Fi 等，会再额外收取相应的费用。

（四）必需附带品定价

必需附带品定价是指民航企业根据产品所附带的必需品设定不同价格的一种定价策略。这种定价策略通常适用于民航企业渗透市场、扩张市场、保持市场份额等情况。例如，部分航空公司会将新开发的航线机票以较低的初始价格卖出，或以会员积分兑换的形式免费赠送，然后通过提供一系列增值服务（如舱位升级、额外行李托运、机上购物优惠等）获取更高的利润。

四、民航产品的心理定价策略

心理定价策略是指民航企业根据消费者的心理特点，迎合消费者心理需求来定价的做法。常见的心理定价策略有以下几种。

（一）尾数定价

尾数定价是指民航企业利用消费者对数字的特殊心理，为民航产品设定一个以零头数结尾的非整数价格的一种定价策略。该策略可以让消费者认为民航产品价格很划算，尽管这些价格与邻近整数价格仅相差几块钱或几毛钱。

以某机场第三方服务商提供的按摩椅服务为例，一次按摩服务定价为 9.9 元，这样的价格更能吸引消费者的注意，增强他们的购买意愿。

（二）整数定价

整数定价是指民航企业利用消费者"一分价钱一分货"的心理，为民航产品设定一个整数价格的一种定价策略。该策略适用于高档民航产品、消费者相对陌生的民航产品等，旨在方便消费者通过价格来判断民航产品的档次与质量。

例如，部分航空公司为展现其高端商务舱的尊贵体验与服务品质，将套餐价格设定为 3 500 元、4 900 元等整数价位。这既能彰显商务舱的高端定位，也能提高消费者对高品质服务的心理预期。

（三）声望定价

声望定价是指民航企业利用消费者的仰慕心理，为那些在消费者心目中享有较高声誉的民航产品设定一个较高价格的一种定价策略。该策略能够通过高价凸显民航产品的档次和附加价值，在消费者心中塑造优质的品牌形象。

需要注意的是，民航企业在选择声望定价策略时，必须确保产品质量能支撑这一高价，避免因产品质量与价格不符而引发负面影响。

（四）招徕定价

招徕定价是指民航企业利用消费者好奇、追求低价的心理，为民航产品设定一个较低价格的一种定价策略。该策略的核心在于通过低价吸引消费者的关注并购买，然后借机向他们销售其他民航产品，实现整体业绩的增长。例如，部分航空公司通过推出特价机票来吸引旅客，随后引导旅客购买舱位升级、额外行李额度等高价增值服务。

招徕定价策略适用于新颖、优质的民航产品，否则民航企业难以实现招徕消费者的目的。这一策略可能看似使民航企业损失了一部分利润，但从长远利益来看，企业仍然能够实现盈利。

有人说："理性的价格竞争应该建立在降低企业经营和产品成本的基础上。"你如何理解这句话？和同学们讨论，说一说自己的看法。

五、民航产品的折扣定价策略

折扣定价策略是指民航企业通过有导向性的折扣促销，直接或间接地降低民航产品价格，以吸引更多消费者的做法。需要注意的是，民航企业降低民航产品价格的同时不

能降低产品质量，否则会影响企业的市场形象，损害自身的长远利益。常见的折扣定价策略有以下几种。

（一）季节折扣

季节折扣是指民航企业为了鼓励消费者在淡季购买民航产品而给予价格折扣的一种定价策略。该策略可以减轻民航企业的经营压力，促使其均衡发展。例如，航空公司在淡季会提供大幅折扣的机票、中转优惠、低价捆绑销售等。

（二）会员折扣

会员折扣是指民航企业对再次购买本企业产品的会员给予一定比例价格折扣的一种定价策略。为了刺激消费者的购买欲望并培养其品牌忠诚度，大多数民航企业会采取为消费者办理会员卡、贵宾卡等措施。该策略旨在通过降低产品价格，提升会员满意度，进而提高民航产品的复购率。

 同步案例

折价营销策略的应用

某航空公司之所以能够迅速扩大市场份额，不仅是因为其精准的市场定位，还得益于其创新的折价营销策略。该航空公司秉持着"每日特惠飞行"的经营理念，坚持低成本运营、高效管理，并致力于提供亲民价格，以"为旅客节省每一分旅行成本"为服务宗旨。

在此基础上，该航空公司推出了会员折扣制度，为会员提供最优惠的机票价格。若有会员旅客反馈某条航线上其他航空公司的机票价格更为优惠，该航空公司不仅有权迅速调整机票价格以保持竞争力，还会为会员提供额外的折扣优惠。这种灵活的会员折扣制度使得该航空公司在价格上始终保持领先地位，同时也为其吸引了一批又一批的旅客。

（三）数量折扣

数量折扣是指民航企业对大量购买产品的消费者给予价格折扣的一种定价策略。一般情况下，消费者购买的产品数量越多，折扣就越大。该策略可以提高民航产品的销量，使民航企业与消费者建立长期的合作关系。数量折扣包括累计数量折扣和一次性数量折扣。

（1）累计数量折扣是指在一定时间内消费者累计达到一定的购买量，民航企业按其总量给予一定折扣的行为。其目的是鼓励消费者经常购买企业的产品，为企业培养忠诚

的消费者。例如，某航空公司实行常旅客会员积分计划，规定会员在一定时期内累计达到 5 000 积分，即可兑换一张国内短途航班升舱券。

（2）一次性数量折扣是指消费者单次消费达到一定的购买量，民航企业按其单次购买总量给予一定折扣的行为。其目的是鼓励消费者大批量购买企业的产品，促进民航产品的多销、快销。例如，某航空公司推出单次购买两张机票享八折优惠、购买三张及以上机票享七折优惠的活动。

（四）现金折扣

现金折扣是指民航企业对现金交易或按约定日期提前付款的消费者给予价格折扣的一种定价策略。该策略可以鼓励消费者提前付款，加速资金回笼。例如，在航空公司办理会员卡并进行预付费充值，或在指定航空联盟合作伙伴（如租车平台、机场酒店等）预存费用，旅客可以享受额外行李额、租车押金、酒店接送等服务的特定优惠折扣。

（五）功能折扣

功能折扣是指民航企业根据各类中间商在市场中的不同地位和功能，给予中间商不同折扣的一种定价策略。该策略可以鼓励中间商大批量订货，提高产品销量，使民航企业和中间商建立长期稳定的合作关系。

在实际生活中，人们经常会遇到一种怪现象：产品打折时，一部分对价格敏感的人会感兴趣而不断购买打折产品；另一部分重视产品质量的人反而因打折认为产品会贬值而不再购买。你认为产品打折是销售灵药吗？折扣定价有何弊端？和同学们讨论，说一说自己的看法。

民航视窗

民航产品的提价技巧

在现代市场经济条件下，随着物价水平的上涨，民航产品的生产成本也不断攀升。为了应对成本压力，民航企业可能会选择提高产品价格。这虽然会显著提升民航企业的盈利水平，但会给消费者带来额外的经济负担，甚至引起消费者的不满。因此，民航企业在对产品进行提价时，可以采用以下技巧。

（1）公开民航产品的真实成本。民航企业应在消费者可接受的范围内，真实、准确地公开产品成本的上涨情况，以争取消费者的理解和支持。此外，民航企业在公开产品成本时要保持诚实、谨慎的态度，避免借机夸大成本上涨幅度，从而引起

消费者的反感和不信任。

（2）丰富民航产品项目，提高服务质量。民航企业可以在产品规格、样式等方面不断创新，给予消费者更加灵活和个性化的选择，使消费者切实感受到民航企业在不断提升产品质量，并逐步认识到民航企业提高产品价格是合理的。

（3）增加民航产品的附加价值。民航企业可以通过增加一系列附加价值来缓解消费者对产品涨价的敏感度和压力，如赠送精美礼品、提供优先登机、加赠额外行李额度等。这些附加价值会使消费者感到他们支付的高价格是物有所值的，有助于提升消费者的购买意愿，增强民航产品的市场竞争力。

（4）提升品牌价值。通过强化品牌的档次和定位，民航企业能够有效推动民航产品线向中高端市场延伸。这不仅能使消费者心甘情愿地支付更高的价格，还能为民航产品在市场竞争中赢得更广阔的发展空间。

 ## 任务实施

选择民航产品定价策略

全班学生以小组（6～8人）为单位，每组任意选择两家规模、背景等条件大致相同的国内航空公司，并分别挑选 2～3 个同类产品作为研究对象，然后结合所学知识，完成以下任务。

（1）搜集、整理所选两家航空公司对应产品的价格信息及相关数据，并对比这两家航空公司同类产品的价格。

（2）分析所选产品的发展状况，评估其定价的合理性，并说明理由。

（3）针对定价不合理的产品，选择适宜的定价策略，并参考其他同类产品的价格，为所研究的产品重新定价。

（4）探讨各小组成员提出的产品定价方案是否可行，并结合实际情况提出具体可行的改进意见和建议。

（5）讨论结束后，指导教师进行综合评价。

 ## 任务评价

各小组成员可参考表 5-3 所列的评价标准对任务实施环节的具体表现进行评价，并请指导教师进行点评。

表 5-3　任务实施评价表

评价内容	评价标准	分值	评价分数	
			自评	师评
准备工作（30分）	所选航空公司及产品符合任务要求	15		
	搜集和整理的数据信息准确、全面	15		
技能实操（50分）	有效对比所选航空公司同类产品的价格信息	15		
	综合分析所选产品的发展状况，并准确评估产品定价的合理性	15		
	运用所学知识，选择适宜的定价策略	20		
成果呈现（20分）	提出的改进意见和建议贴合实际且具备可操作性	10		
	小组内部沟通顺畅，共同合作解决问题	10		
合计		100		
总评	自评（30%）+师评（70%）=		教师（签名）：	

项目考核

一、单项选择题

1.（　　）是指民航企业依据竞争者同类产品的价格或行业平均价格，来制订民航产品价格的一种方法。

　　A．同行价格定价法　　　　　　　　B．习惯定价法

　　C．竞争价格定价法　　　　　　　　D．拍卖定价法

2.（　　）是民航产品定价的最低经济界限，也是民航企业正常生存的底线。

　　A．企业形象　　　　　　　　　　　B．市场竞争状况

　　C．成本　　　　　　　　　　　　　D．市场供求状况

3.（　　）是指在民航新产品上市初期把价格定得较高，利用消费者求新、求奇的心理，在短期内获取尽可能多的利润并收回投资成本的一种定价策略。

　　A．渗透定价　　　　　　　　　　　B．撇脂定价

　　C．声望定价　　　　　　　　　　　D．温和定价

4.（　　）是指民航企业对现金交易或按约定日期提前付款的消费者给予价格折扣的一种定价策略。

　　A．季节折扣　　　　　　　　　　　B．数量折扣

　　C．会员折扣　　　　　　　　　　　D．现金折扣

5. （　　）是指民航企业将具有互补性或关联性的一组产品进行捆绑销售和定价的一种定价策略。

  A．分部定价   B．选择品定价

  C．捆绑定价   D．必需附带品定价

二、多项选择题

1. 下列选项中，（　　）属于成本导向定价法。

  A．边际贡献定价法   B．损益平衡定价法

  C．可销价格倒推法   D．目标利润定价法

2. 影响民航产品定价的因素包括（　　）。

  A．成本因素   B．消费者心理和习惯

  C．市场因素   D．政府或行业组织干预

3. 民航新产品的定价策略包括（　　）。

  A．撇脂定价   B．渗透定价

  C．温和定价   D．整数定价

4. 民航产品的心理定价策略包括（　　）。

  A．尾数定价   B．整数定价

  C．声望定价   D．招徕定价

5. 下列选项中，（　　）不属于民航产品的组合定价策略。

  A．消费者差别定价   B．捆绑定价

  C．产品位置差别定价   D．分部定价

三、简答题

1. 简述成本加成定价法的优缺点及适用范围。

2. 简述民航新产品实施渗透定价策略需要满足的条件。

3. 简述民航产品折扣定价策略的类型。

四、案例分析题

A 航空公司的定价策略

  为了实现收益最大化，A 航空公司决定实施动态定价策略。该策略的核心在于利用大数据技术对市场供求状况进行实时监控，并据此灵活调整机票价格。为此，A 航空公司建立了一套完备的数据搜集与分析体系，该体系整合了消费者行为数据、市场趋势预测、同行业竞争者的产品价格等信息，为机票价格的制订提供坚实的数据支撑。例如，在节假日或旅游旺季，系统会根据实时数据适时上调机票价格，以捕捉高价值旅客；在

淡季或航班客座率较低时，系统则通过降低机票价格来吸引更多的旅客。

　　为了进一步提升动态定价策略的效果，A航空公司还实施了差别定价策略，精准划分商务旅客、休闲旅客、常旅客等群体，并根据他们的消费习惯、偏好及支付能力等，为他们提供个性化的机票价格和服务。

　　A航空公司采取了哪些定价策略？这些定价策略的实施效果如何？

项目六

互利共赢

——民航市场营销的分销策略

学习目标

知识目标

（1）了解民航企业分销渠道的基础知识。

（2）熟悉民航企业选择分销渠道的影响因素。

（3）掌握民航企业选择分销渠道成员的步骤和方法。

技能目标

（1）能够根据民航企业的实际情况，选择合适的分销渠道。

（2）能够根据民航企业的实际情况，选择合适的分销渠道成员，并进行有效管理。

素养目标

（1）培养场景化思维能力，精准识别不同场景下分销渠道成员的最优选择。

（2）具备契约精神，与分销渠道成员诚信合作，互利共赢。

任务一 了解民航企业的分销渠道

任务导入

春秋航空的分销渠道

春秋航空在保障安全的前提下，注重运行准点与服务品质，尊重旅客的选择权，致力于为旅客提供多种实惠的出行产品。在分销渠道选择上，从信息技术团队的自主建设，到电商直销平台的推广，以及全流程核心业务运营系统的研发，春秋航空始终走在行业前列。

近年来，春秋航空充分利用自身信息技术优势及航空直销平台流量优势，通过升级移动官网平台及移动终端应用，将更多航旅产品和服务线上化、移动化，并保障平台及应用的稳定性和流畅性，完善旅客体验，有效增强了旅客黏性。此外，春秋航空还在短视频平台发布自有小程序，搭建常态化直播机制，成功开辟了机票直销新渠道。

（资料来源：《春秋航空股份有限公司 2024 年度"提质增效重回报"行动方案》，《中国证券报》2024 年 8 月 17 日）

❓ 春秋航空构建了哪些分销渠道？

一、分销渠道的含义及特点

一般情况下，民航企业总是希望把自己的产品直接卖给消费者，消费者也希望直接从民航企业那里买到自己需要的产品。但在现代市场经济条件下，绝大多数的产品都要经过分销渠道成员才能流通到消费者手中。因此，构建畅通、高效的分销渠道是民航企业开展市场营销活动的重要环节。

分销渠道是指民航产品从企业向消费者转移过程中所经过的途径。一般情况下，民航企业的分销渠道具有以下几方面的特点。

（1）分销渠道由参与民航产品交易的各类机构组成，包括民航企业的销售部门、分销渠道成员等。民航企业选择不同的机构会形成不同类型的分销渠道。

构建分销渠道的好处

（2）每一条分销渠道的起点都是民航企业，终点都是消费者。

（3）分销渠道成员之间存在竞争和合作的关系。不同分销渠道成员有着各自的利益

关注点，但也拥有共同的利益基础。正是基于共同的利益，每一个分销渠道成员都希望通过与其他成员的合作，提高自己的竞争力，从而实现共赢。

（4）分销渠道成员大多存在于民航企业外部，其管理和控制要比民航企业内部的管理和控制复杂得多。

民航视窗

区分市场营销渠道和分销渠道

市场营销渠道和分销渠道是市场营销理论中的两个重要概念。它们在民航产品的推广和销售过程中起着至关重要的作用，但它们存在以下不同之处。

（1）市场营销渠道是一个更广泛的概念，它涵盖了民航产品从民航企业到消费者的整个转移过程及与之相关的市场营销活动，包括民航产品的定价、分销、促销等。分销渠道则是市场营销渠道的一个重要组成部分，它重点关注民航产品如何通过不同的销售环节到达消费者手中。

（2）市场营销渠道的主要目标是确保民航产品顺利到达目标市场，同时实现销售增长和市场份额的提升。分销渠道则更侧重于民航产品在不同销售环节中的流动和传递，确保民航产品能顺利到达消费者手中。

（3）市场营销渠道涉及多个参与者，包括生产商、批发商、零售商、供应商、辅助商、消费者等。分销渠道则不包括供应商和辅助商，它重点关注参与者之间的连接和协作方式。

二、分销渠道的功能

分销渠道是连接民航企业与市场、民航产品与消费者的桥梁，是民航企业完成产品交换并产生经济效益的重要载体，其主要功能如表 6-1 所示。

表 6-1　分销渠道的功能

序号	功能	内容
1	开展调研	民航企业可以通过分销渠道搜集制订营销计划和产品交换所需要的信息
2	开展促销	民航企业可以通过分销渠道传播与民航产品有关的信息，以吸引消费者购买
3	开展谈判	民航企业可以通过分销渠道达成与产品价格或其他条件有关的协议，以实现民航产品所有权的转移
4	提供服务	民航企业可以通过分销渠道提供与民航产品有关的附加服务，如交货、安装、修理等

表 6-1（续）

序号	功能	内容
5	分散风险	民航企业可以通过分销渠道将一部分风险转嫁给分销渠道成员，从而分散自身的经营风险
6	产品储运	民航企业可以通过分销渠道来完成产品的仓储、包装、装配、运输、管理等工作，使民航产品适时到达消费者手中

三、分销渠道的类型

根据不同的标准，民航企业的分销渠道可分为不同的类型。

（一）直接渠道和间接渠道

根据有无分销渠道成员参与交换活动，分销渠道可分为直接渠道和间接渠道。

1. 直接渠道

直接渠道，又称"零级渠道"，是指民航产品不经过任何分销渠道成员的参与，直接从民航企业流向消费者的分销渠道。

直接渠道包括以下两种形式：一种是传统直销，主要依赖人与人之间的直接接触来销售产品，如专卖店、销售门市部等。这种方式减少了中间流通环节，可以节省流通费用，降低民航产品的销售成本。另一种是现代直销，主要借助大众传媒工具来销售产品，如电话销售、电视购物、网上购物等。这种方式提高了沟通的时效性和便利性，减少了一对一沟通的销售成本。

直接渠道通过减少民航产品流通的中间环节，有助于民航企业及时了解消费者的需求变化和反馈意见，从而更好地为消费者提供服务。但建立直接渠道的成本相对较高，民航企业需要投入大量的人力、物力、财力，且在短期内难以迅速扩大营销网络，导致销售范围受到一定的限制。

直接渠道的特点

2. 间接渠道

间接渠道是指民航产品经过若干分销渠道成员转手，再从企业流向消费者的分销渠道。例如，旅行社、在线旅游平台、机票代理商等大多是航空公司的分销渠道成员。

间接渠道可以帮助民航企业利用分销渠道成员的资源和能力扩大民航产品的销售范围，提高分销效率。但是，间接渠道也存在以下局限性：① 民航企业难以控制分销渠道成员的表现和服务水平，不便于及时了解市场动态及消费者需求的变化；② 民航企业无法直接与消费者进行沟通和互动，难以建立、维护与消费者之间的关系。

（二）短渠道和长渠道

根据流通环节的多少，分销渠道可分为短渠道和长渠道，它们可以进一步细分为零级渠道、一级渠道、二级渠道、三级渠道等，如图6-1所示。

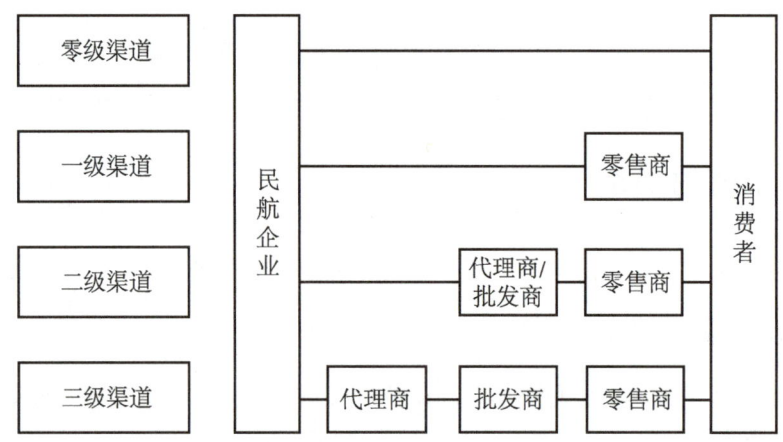

图6-1 根据流通环节划分的分销渠道

1. 短渠道

短渠道是指没有分销渠道成员参与或只有一个层次分销渠道成员参与的分销渠道，包括零级渠道和一级渠道。其中，一级渠道是指民航企业和消费者之间只有一个层次的分销渠道成员参与的分销渠道。

短渠道的中间环节较少，既方便民航产品迅速流通到消费者手中，也方便民航企业根据消费者需求的变化快速调整市场营销策略。此外，短渠道降低了民航企业的营销费用，可以在产品定价上给予消费者更多优惠，在扩大企业盈利空间的同时，提升产品的市场竞争力。但是，短渠道在一定程度上限制了民航产品的销售范围。

2. 长渠道

长渠道是指经过两个或两个以上层次分销渠道成员参与的分销渠道，如二级渠道和三级渠道。二级渠道和三级渠道分别是指民航企业和消费者之间有两个或三个层次的分销渠道成员参与的分销渠道。

长渠道不仅可以减少民航企业的资源占用，还容易打开民航产品的销路，开拓新市场。然而，由于流通环节增多，长渠道不仅增加了销售成本，进一步压缩了民航企业的盈利空间，还增加了民航企业管理和协调分销渠道成员的难度。

民航贴士

为了顺应现代市场环境的变化，民航企业的分销渠道结构正经历着从"垂直化"向"扁平化"的转变，即通过削减、压缩中间环节，实现"企业—经销商—最终消费者"的高效对接。

（三）宽渠道、窄渠道和超窄渠道

根据同一层次分销渠道成员的数目，分销渠道可分为宽渠道、窄渠道和超窄渠道。

1. 宽渠道

宽渠道，又称"密集分销渠道"，是指民航企业在某区域的目标市场上，通过尽可能多的分销渠道成员来分销产品，以扩大市场覆盖面的一种分销渠道。例如，某航空公司的一级宽渠道如图 6-2 所示。

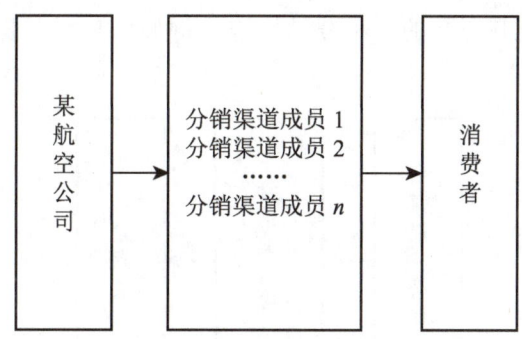

图 6-2　某航空公司的一级宽渠道

宽渠道的优点主要包括：① 分销渠道成员众多，有利于民航企业借助广泛的分销渠道迅速将产品推向流通领域；② 促使分销渠道成员展开竞争，提高民航产品的销售效率，从而推动市场需求的增长。但是，宽渠道不利于民航企业与分销渠道成员建立密切的合作关系，且需要民航企业承担大量的销售费用，增加了运营成本。

2. 窄渠道

窄渠道，又称"选择分销渠道"，是指民航企业在某区域的目标市场上，只选择少数分销渠道成员来分销其产品的一种分销渠道。例如，某航空公司的一级窄渠道如图 6-3 所示。

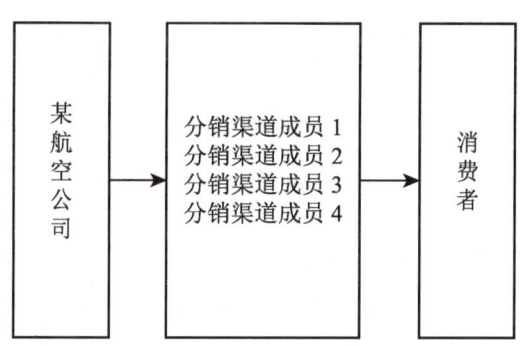

图 6-3　某航空公司的一级窄渠道

窄渠道的优点主要包括：① 分销渠道成员较少，有利于民航企业指导和支持分销渠道成员开展销售业务；② 方便民航企业借助分销渠道成员的信誉和形象增强消费者对本

企业产品的信任，从而提高民航产品的销量；③ 简化销售流程，有助于民航企业更灵活地开展新产品试销，并快速获得市场反馈信息，进一步优化和调整市场营销策略。

窄渠道的不足之处在于：① 分销渠道成员往往会要求较大的折扣，增加民航企业的市场开拓成本；② 民航企业的分销途径有限，使产品推广高度依赖分销渠道成员，进而限制了民航企业的市场拓展能力。

3. 超窄渠道

超窄渠道，又称"独家分销渠道"，是指民航企业在某区域的目标市场上，仅选择一家分销渠道成员来销售其产品的一种分销渠道。例如，某航空公司的一级超窄渠道如图 6-4 所示。

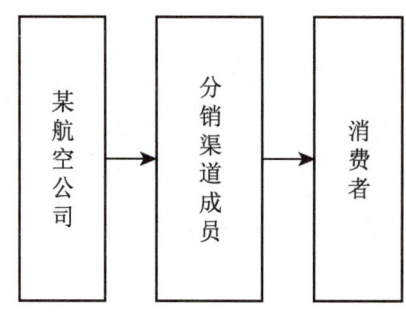

图 6-4　某航空公司的一级超窄渠道

超窄渠道有助于民航企业提升市场控制力，强化品牌形象。但超窄渠道的市场覆盖面较窄，在应对市场变化时灵活性不足，可能使民航企业面临较高的市场风险。

民航视窗

网络分销

网络分销是指民航企业利用互联网技术将民航产品传递到消费者手中的过程。这种分销模式打破了时间和空间的束缚，允许消费者在任何时间、任何地点购买产品，为民航企业提供了更广阔的销售渠道和更高效的销售方式。

例如，南方航空推出的"南航 e 行"将移动互联网和航空出行结合起来，整合了航空旅游上下级的行业资源，通过南航 App、南航微信公众号、南航 e 行小程序等渠道，为旅客提供一站式电子化服务体验。

网络分销一是有助于民航企业扩大产品的覆盖范围，提高市场占有率；二是有助于民航企业提高产品销售效率，降低产品销售成本；三是有助于民航企业随时与消费者沟通，及时解决相关问题，提高其满意度。但是，网络分销存在许多安全隐患，如发布虚假信息、窃取口令和隐私等。因此，民航企业在采用网络分销时，应采取一系列的安全措施和技术手段，以确保消费者权益，维护网络分销的健康发展。

 **任务实施**

调研航空公司的机票分销渠道

全班学生以小组（6～8人）为单位，每组任意选择两家国内航空公司作为研究对象，然后结合所学知识，完成以下任务。

(1) 搜集所选航空公司机票分销渠道的相关资料，并进行汇总。

(2) 识别两家航空公司选择的机票分销渠道类型，并说明选择原因。

(3) 分析两家航空公司所采用的机票分销渠道的优缺点。

(4) 基于分析结果，撰写调研报告，并制作一份演示文稿。

(5) 派代表在课堂上进行5分钟左右的汇报。

(6) 汇报结束后，同学们交流讨论，指导教师进行综合评价。

 **任务评价**

各小组成员可参考表6-2所列的评价标准对任务实施环节的具体表现进行评价，并请指导教师进行点评。

表6-2 任务实施评价表

评价内容	评价标准	分值	评价分数	
			自评	师评
准备工作（30分）	调研计划合理，小组分工明确	15		
	搜集的资料全面、准确，能充分支持后续工作	15		
技能实操（50分）	准确识别航空公司所选机票分销渠道的类型	15		
	清晰说明航空公司选择机票分销渠道的原因	15		
	合理分析航空公司所选机票分销渠道的优缺点	20		
成果呈现（20分）	调研报告结构完整，内容翔实	10		
	演示文稿制作规范，视觉效果良好	10		
合计		100		
总评	自评（30%）+师评（70%）=		教师（签名）：	

任务二 选择民航企业的分销渠道

任务导入

联名信用卡

为了降低获客成本，越来越多的航空公司与各大银行联合推出了联名信用卡。这种信用卡通常采用"刷卡得积分，积分兑机票"的模式，即消费者长期使用同一家银行的指定信用卡进行消费就可以获得积分，待积分累计达到一定数额后，在航空公司的官方平台用积分兑换机票。联名信用卡的推出不仅减少了航空公司的分销渠道费用，也帮助其培育了忠实消费群体。

（资料来源：王亚玲，《从常旅客计划变成忠诚度计划意味着什么？》，

中国民航网，2022 年 9 月 14 日）

❓ 影响航空公司推出联名信用卡的因素有哪些？

一、分销渠道选择的影响因素

合适的分销渠道是民航企业抵达目标市场的关键路径。在选择分销渠道时，民航企业应综合考虑以下因素的影响。

（一）产品因素

民航企业在选择分销渠道时，应综合考虑产品的不同特性，以确保选择最合适的分销渠道。影响民航企业分销渠道选择的产品因素具体如表 6-3 所示。

表 6-3　影响民航企业分销渠道选择的产品因素

序号	产品因素	选择指导
1	单位价值	单位价值高的民航产品，宜选择短、窄渠道；单位价值低的民航产品，宜选择长、宽渠道
2	体积与重量	体积大而重的民航产品，宜选择短渠道；体积小而轻的民航产品，宜选择长渠道
3	技术与服务要求	技术性较强、服务要求高的民航产品，宜选择短、窄渠道；技术性较弱、服务要求低的民航产品，宜选择长、宽渠道
4	耐损度	易腐、易坏的民航产品，宜选择短渠道；耐损度好的民航产品，宜选择长渠道

表 6-3（续）

序号	产品因素	选择指导
5	用途广泛性	用途广泛、通用性较强的民航产品，宜选择长、宽渠道；特殊且专用性较强的民航产品，宜选择短渠道
6	生命周期	处于导入期、衰退期的民航产品，宜选择短、窄渠道；处于成长期、成熟期的民航产品，宜选择长、宽渠道
7	产品线种类	种类较多的产品线，宜选择直接向零售商供货；种类较少的产品线，宜依靠批发商、零售商来分销产品
8	产品组合的关联度	关联度高的产品组合，宜选择同一分销渠道；关联度低的产品组合，宜选择不同的分销渠道

（二）市场因素

民航企业在选择分销渠道时，应综合考虑消费者特性及目标市场特征。影响民航企业分销渠道选择的市场因素具体如表 6-4 所示。

表 6-4　影响民航企业分销渠道选择的市场因素

序号	市场因素	选择指导
1	目标市场规模	规模较大的目标市场，宜选择长、宽渠道；规模较小的目标市场，宜选择短、窄渠道
2	市场集中度	地理位置集中的市场，宜选择短、窄渠道；地理位置分散的市场，宜选择长、宽渠道
3	市场竞争情况	尽量避免与竞争者使用相同的分销渠道
4	消费者交易量	一次性大宗交易宜选择短渠道；零星交易宜选择长渠道

（三）自身因素

民航企业在选择分销渠道时，应考虑自身的实际情况。影响民航企业分销渠道选择的自身因素具体如表 6-5 所示。

表 6-5　影响民航企业分销渠道选择的自身因素

序号	自身因素	选择指导
1	企业规模和实力	规模大、资金雄厚的民航企业，可自由选择分销渠道；规模小、资金薄弱的民航企业，需要依靠分销渠道成员来分销其产品
2	企业声誉和市场地位	声誉和市场地位高的民航企业，可选择分销渠道的余地比较大；声誉和市场地位低的民航企业，可选择分销渠道的余地比较小
3	经营管理能力	经营管理能力强的民航企业，宜选择短渠道；经营管理能力弱的民航企业，宜选择长渠道
4	渠道控制	希望有效控制分销渠道的民航企业，宜选择短渠道；不想花费额外精力控制分销渠道的民航企业，宜选择长渠道

（四）中间商因素

中间商在宣传产品、吸引消费者等方面的实力各异，对民航企业分销渠道的选择具有显著影响。一般情况下，民航企业在选择分销渠道时，需要综合考虑中间商以下几个方面的因素，以确保选择出最适合自身发展的分销渠道。

（1）经营范围与销售渠道的适配性。民航企业在选择分销渠道时，应考虑中间商的经营范围是否与目标销售地区一致。中间商的经营范围覆盖越广，越能帮助民航企业拓展销售区域，提升市场份额。

（2）产品政策与民航企业策略的协同性。中间商的产品政策，包括其经销的产品线、产品组合关系等，对民航企业选择分销渠道具有重要影响。民航企业希望中间商能够专注于推广自己的产品，避免与竞争者的产品产生冲突。因此，民航企业在选择中间商时，应评估其产品线是否与自身产品相协调，以及是否愿意投入资源来推广企业的产品。

（3）地理位置优势与分销效率。对于民航企业来说，选择地理位置优越的中间商可以提高分销效率，降低物流成本。例如，选择靠近主要航线或交通枢纽的中间商，航空公司可以更方便地接驳旅客，提高旅客的出行便利性。

（4）专业知识与市场推广能力。一般情况下，具有丰富专业知识和市场推广经验的中间商能够更准确地把握市场需求，制订有效的销售策略，提高销售业绩。因此，民航企业在选择中间商时，应考察其专业知识与市场推广能力，以确保双方能够携手共进，实现共赢。

（5）合作意愿与长期稳定性。一个愿意与民航企业建立长期合作关系、共同发展的中间商，能够为企业带来持续稳定的销售增长。因此，民航企业在选择中间商时，应注重评估其合作意愿和长期稳定性，以确保双方能够建立长期稳定的合作关系。

（五）竞争者因素

一般情况下，民航企业在选择分销渠道时，应力求与竞争者保持差异化。

当竞争者的产品优于本企业时，民航企业要尽量避免与竞争者选择相同的分销渠道，而应快速发掘市场中的空白区域，开拓新的分销渠道。

当市场竞争较为缓和，或本企业产品在市场中具有明显优势时，民航企业可以选择与竞争者相似的分销渠道，甚至直接与其正面交锋，即"竞争者到哪儿就跟到哪儿"。

但是，当民航企业的产品与竞争者的产品形成互补关系时，民航企业可以与竞争者携手合作，共同响应市场需求，而非以击败竞争者为首要目标。

（六）政策环境因素

政策环境因素对民航企业分销渠道选择的影响较为复杂，具体表现在以下几个方面。

（1）经济形势波动。宏观经济走势、经济增长率、经济运行周期等指标的变化，对

民航企业选择分销渠道具有直接显著的影响。当市场经济走势良好、发展态势平稳时，市场需求呈上升趋势，民航企业可选择长、宽渠道，以扩大销售网络，提升市场份额；反之，民航企业应选择短、窄渠道，以降低销售成本。

（2）政治法律制约。政府出台的产品流通政策、法律法规等，会限制民航企业分销渠道选择的范围。民航企业必须严格遵循相关政策规定，选择符合要求的分销渠道。

（3）技术发展。技术发展为民航企业分销渠道的创新提供了无限可能。随着计算机网络技术的发展，电子商务已成为民航企业不可或缺的分销渠道之一。一般情况下，实力雄厚的民航企业利用技术优势，可以选择线上、线下相结合的多元化分销渠道；规模小、资源有限的民航企业则可以利用社交媒体、在线旅游平台等渠道进行宣传推广，以较低的成本吸引潜在消费者。

 同步案例

A 航空公司的分销渠道选择

随着网络技术的不断发展，A 航空公司结合自身的实际情况，选择了"线上+线下"的分销渠道。

在线上营销方面，A 航空公司依托官方 App 及各大合作平台，实现了线上航班预订服务。旅客在线上平台预订航班后，A 航空公司会立即处理订单，确认机票信息，并出具电子机票。同时，官方 App 还提供选座、餐食预订等个性化服务，以及航班动态追踪、机场导航、行李位置查询等功能，极大地提升了旅客的出行效率和满意度。

在线下营销方面，A 航空公司在各大机场设有服务柜台和贵宾休息室，为旅客提供全方位的地面服务，包括行李托运、安检指引等。此外，A 航空公司还与多家地面交通运营商合作，打造了从机场到市区的无缝接驳衔接。旅客通过官方 App 即可预订接送机服务，享受一站式出行体验。

二、分销渠道成员的选择

（一）分销渠道成员的选择步骤

分销渠道成员在分销渠道中扮演着举足轻重的角色，他们不仅负责储存、配送产品，还承担着分担经营风险的重要职能。民航企业选择那些既诚信可靠又具备出色能力的分销渠道成员可以获得事半功倍的效果。一般情况下，民航企业可以按照以下步骤选择合适的分销渠道成员。

1. 了解目标市场概况

当民航企业决定开拓某一新市场时，其首要任务就是深入了解该目标市场的地理、经济等情况，包括人口规模、人均收入水平、消费习惯等。在这一过程中，民航企业应对进入该市场的预期营销目标及推广成本等进行合理评估，以便在后续选择分销渠道成员及与分销渠道成员进行谈判时做到心中有数。

2. 了解分销渠道成员的需求

在选择分销渠道成员时，民航企业应把握以下关键点。

（1）分销渠道成员作为一个独立自主的市场营销机构，其首要目标是实现自身利益最大化。因此，分销渠道成员并非是企业销售链中完全受控的一环，而是拥有自主决策权的合作伙伴。

（2）在市场营销活动中，分销渠道成员首先考虑的是市场需求，并非单纯地满足企业要求。分销渠道成员积极推广的产品必定是符合消费者购买意愿的产品，而非企业单方面要求其推广的产品。

（3）分销渠道成员的业务范围广泛，它不可能将所有的资源和精力都投入到单一企业的某个产品中。因此，民航企业不能完全依赖于分销渠道成员。

（4）分销渠道成员在资源和经营管理能力上存在一定的局限性，他们不可能满足民航企业的所有要求。

民航贴士

　　在被民航企业选择的同时，分销渠道成员也会注重民航企业的综合实力，如产品的竞争力、市场推广的支持力度、付款方式的灵活性、售后服务的完善程度等。因此，当决定与分销渠道成员建立联系时，民航企业应深入了解并准确把握分销渠道成员的实际需求，并通过分享成功的市场营销案例，增强分销渠道成员的合作信心。

3. 了解自身资源及能力

民航企业需要深刻领悟自身的战略定位、市场开发策略及资金实力等内容，全面掌握产品的生产工艺流程、产品性能配置、正确使用方法等专业知识，以确保能向分销渠道成员清晰、全面地介绍企业概况和产品优势，并能精准、高效地解答他们提出的各类疑问。此外，民航企业还需要深入理解自身的销售政策体系，包括产品供应流程、推广支持措施、销售奖励机制等多个方面，从而合理划分销售区域，明确销售任务与目标。

民航贴士

　　在增强分销渠道成员信心的同时，民航企业应谨慎行事，避免轻易做出无法兑现的承诺，出现不必要的纠纷，从而影响双方建立长期稳定的合作关系。

4. 制订选择分销渠道成员的标准和原则

为了确保找到最合适的分销渠道成员，民航企业需要制订一套全面、细致的选择标准，并依据这些标准，运用适当的方法进行评估与筛选，确保与所选分销渠道成员发展长期战略关系。在选择分销渠道成员的过程中，民航企业应坚守既定原则，避免为追求短期利益而牺牲长远发展。

选择分销渠道
成员的原则

5. 准备合作协议框架

民航企业应事先准备好与分销渠道成员谈判时所需的合作协议框架，争取在谈判中引导分销渠道成员接受企业所期望的合作模式，把握谈判主动权。合作协议框架的具体内容主要包括销售区域范围、合作期限、销量指标、市场推广支持方式、货款结算条款、分销渠道成员的责任和义务、违约行为处罚措施等。

6. 谈判并签订合同

谈判通常聚焦于民航企业与分销渠道成员之间权利和义务的分配。因此，民航企业在签订合同时必须格外谨慎，以确保合同内容既能保护自身的核心利益，又能激励分销渠道成员积极推广产品，进而实现双赢的局面。

（二）分销渠道成员的选择方法

分销渠道成员的选择是一个复杂的综合评估过程，民航企业在选择分销渠道成员时可采用以下几种方法。

1. 评分选择法

评分选择法是基于分销渠道成员的产品营销能力、服务水平等关键因素对其进行打分评价的一种方法。该方法首先依据各因素对分销渠道建设的重要性设定权重，再计算各候选分销渠道成员的综合得分，然后选择得分最高者构建分销渠道网络。评分选择法主要适用于地域范围相对较小、便于深入评估的市场环境。

2. 销量分析法

销量分析法是指民航企业通过分析候选分销渠道成员近几年的销售业绩及变化趋势，来评估其实际营销能力和销售水平，以筛选最优分销渠道成员的一种方法。

3. 费用分析法

在挑选分销渠道成员进行产品营销时，民航企业需承担市场开拓费、促销让利费等一系列成本。为了选出最适宜的合作伙伴，民航企业可通过分析总销售费用、单位产品销售成本、费用效率等关键指标来进行决策。

4. 配额择优法

配额择优法是民航企业先依据目标市场分布及分销渠道的宽度，明确各分销层次所需要的分销渠道成员数量，再与部分候选分销渠道成员建立初步合作意向，然后对这些候选分销渠道成员进行综合考察和评估，最终从中挑选出表现优异的分销渠道成员作为

长远合作伙伴。配额择优法需要民航企业投入大量的时间和精力，通常适用于那些对分销渠道有严格要求、产品特性较为特殊的民航企业。

分销渠道成员的激励与约束

为了提升分销渠道成员的经营效率，实现企业的经营目标，民航企业应通过合理的激励措施和严格的约束机制，确保分销渠道成员在销售过程中遵守相关规定，提升推广效率，帮助企业实现经营目标。

1. 激励措施

（1）利润分成。民航企业在与分销渠道成员签订合作协议时，应设定合理的利润分成比例，确保分销渠道成员在销售过程中能够获得足够的收益，从而提高其销售积极性。

（2）市场推广支持。民航企业可以为分销渠道成员提供市场推广支持，如广告宣传、促销活动等，帮助分销渠道成员扩大销售规模。

（3）培训与支持。民航企业可以定期组织培训活动，提高分销渠道成员的推广能力和服务水平。

（4）资金支持。当分销渠道成员面临资金紧张的问题时，民航企业可以灵活调整付款方式，适当放宽付款期限，为他们提供一定程度的资金缓冲，从而达到激励的目的。

（5）独家代理权。对于表现优秀的分销渠道成员，民航企业可以考虑授予其独家代理权，以进一步提高其销售积极性。

2. 约束措施

（1）合同约束。民航企业在与分销渠道成员签订合作协议时，应对分销渠道成员的销售行为、价格策略、服务质量等方面进行约束，确保分销渠道成员在销售过程中遵守相关规定。

（2）价格监管。民航企业应建立价格监管机制，通过设定价格上限或下限，防止分销渠道成员出现恶意竞价或哄抬价格等行为，维护市场秩序。

（3）服务质量监督。民航企业应定期评估和监督分销渠道成员的服务质量，如消费者满意度调查、服务质量检查等，了解分销渠道成员的服务水平，及时发现问题并进行整改。

（4）违规处罚。对于违反合作协议或相关规定的分销渠道成员，民航企业有权对其进行处罚，如警告、罚款、取消代理资格等，以维护市场公平和消费者权益。

需要注意的是，民航企业不能强制约束分销渠道成员的行为，而应取得他们的理解和支持，避免挫伤他们的积极性。

 **任务实施**

分享分销渠道管理经验

全班学生以小组（6～8人）为单位，每组搜集民航业的分销渠道管理实例，然后结合所学知识，完成以下任务。

（1）识别分销渠道管理实例中，各民航企业在选择分销渠道成员时所遵循的标准，讨论并归纳民航企业可能关注的因素，如信誉、销售能力、行业经验、合作意愿等，阐明这些因素对民航企业发展的影响。

（2）分析分销渠道管理实例中，各民航企业对分销渠道成员采用的激励方法，并探讨这些激励方法的优缺点。

（3）假如你是一个企业管理者，结合所学知识和实例分析，讨论在进行分销渠道管理时应采取的策略和措施，并分享自己的见解。

（4）基于讨论结果，汇总各小组成员的经验分享，提炼出具有普遍性和实用性的分销渠道管理经验。

（5）派代表在课堂上进行5分钟左右的展示。

（6）展示结束后，指导教师进行综合评价。

 任务评价

各小组成员可参考表6-6所列的评价标准对任务实施环节的具体表现进行评价，并请指导教师进行点评。

表6-6　任务实施评价表

评价内容	评价标准	分值	评价分数	
			自评	师评
准备工作（30分）	搜集的分销渠道管理实例丰富多样，具有代表性	15		
	小组分工明确，任务安排合理	15		
技能实操（50分）	准确识别民航企业选择分销渠道成员的标准	15		
	深入分析民航企业激励分销渠道成员所采用的方法及其优缺点	15		
	对民航企业分销渠道的管理提出独到见解	20		
成果呈现（20分）	分销渠道管理经验总结全面	10		
	展示内容条理清晰，重点突出	10		
合计		100		
总评	自评（30%）+师评（70%）=	教师（签名）：		

一、单项选择题

1. （　　　）是指民航产品不经过任何分销渠道成员的参与，直接从民航企业流向消费者的分销渠道。

　　A．零级渠道　　　　　　　　　B．一级渠道

　　C．二级渠道　　　　　　　　　D．三级渠道

2. （　　　）是指没有分销渠道成员参与或只有一个层次分销渠道成员参与的分销渠道。

　　A．宽渠道　　　　　　　　　　B．窄渠道

　　C．长渠道　　　　　　　　　　D．短渠道

3. （　　　）是指民航企业在某区域的目标市场上，通过尽可能多的分销渠道成员来分销其产品，以扩大市场覆盖面的一种分销渠道。

　　A．选择分销渠道　　　　　　　B．密集分销渠道

　　C．独家分销渠道　　　　　　　D．超宽渠道

4. 下列选项中，（　　　）不属于影响民航企业分销渠道选择的市场因素。

　　A．市场集中度　　　　　　　　B．市场竞争情况

　　C．技术与服务要求　　　　　　D．消费者交易量

5. （　　　）是基于分销渠道成员的产品营销能力、服务水平等关键因素进行打分评价的一种方法。

　　A．评分选择法　　　　　　　　B．销量分析法

　　C．费用分析法　　　　　　　　D．配额择优法

二、多项选择题

1. 根据有无分销渠道成员参与交换活动，分销渠道可分为（　　　）。

　　A．直接分销　　　　　　　　　B．间接分销

　　C．短渠道　　　　　　　　　　D．长渠道

2. 根据同一层次分销渠道成员的数目，分销渠道可分为（　　　）。

　　A．宽渠道　　　　　　　　　　B．长渠道

　　C．窄渠道　　　　　　　　　　D．短渠道

3. 分销渠道选择的影响因素包括（　　　）。

　　A．产品因素　　　　　　　　　B．市场因素

　　C．自身因素　　　　　　　　　D．中间商因素

4. 分销渠道成员的选择方法包括（　　）。

　　A. 评分选择法　　　　　　　B. 销量分析法

　　C. 费用分析法　　　　　　　D. 配额择优法

5. 激励分销渠道成员的措施包括（　　）。

　　A. 利润分成　　　　　　　　B. 市场推广支持

　　C. 资金支持　　　　　　　　D. 独家代理权

三、简答题

1. 简述分销渠道的功能。

2. 简述窄渠道的优缺点。

3. 简述配额择优法的含义及适用范围。

四、案例分析题

东方航空升级打造新分销能力系统

　　东方航空凭借其全球官网电商平台，升级推出了新分销能力系统。通过该系统的技术架构，东方航空可以快速适应各种分销模式，为合作伙伴提供定制化的对接解决方案。

　　一方面，新分销能力系统进一步加强了东方航空与旅行代理人、新兴分销渠道、其他航空公司之间的数据交互能力，实现了分销模式从以产品为主导向以消费者为核心的转变。这不仅使东方航空能够更加灵活自主地组合航空服务产品，实现差异化营销，还有效降低了分销渠道的成本。

　　另一方面，新分销能力系统不仅可以支持机票查询、预订、支付、出票、退票、改期等全流程服务，还涵盖了升舱、电子发票、付费选座、促销卡券等附加服务产品的销售，从而方便东方航空向合作伙伴提供多样化的产品信息和个性化的定制服务。

（资料来源：孙文瑾，《东航升级打造新分销能力系统》，中国民航网，

2024 年 7 月 24 日）

　　东方航空为何要打造新分销能力系统？

项目七

多管齐下
——民航市场营销的促销策略

 学习目标

知识目标

(1) 理解民航企业的促销及其方式。

(2) 熟悉民航企业的促销组合及其影响因素。

(3) 掌握民航企业的促销策略。

技能目标

(1) 能够制订科学合理的民航产品促销策略。

(2) 能够运用所学知识成功地组织促销活动。

素养目标

(1) 培养科学系统的营销思维模式和整体运营观念。

(2) 培养信息筛选和鉴别能力，抵制虚假广告及不良促销行为。

任务一　认识民航企业的促销与促销组合

任务导入

国际航空与奥运

2024 年 9 月 10 日，国际航空的首架 C919 飞机成功首航，并正式投入运营。作为北京 2008 年奥运会、残奥会的唯一航空客运合作伙伴，以及北京 2022 年冬奥会、冬残奥会官方航空客运合作伙伴，国际航空与奥运有着不解之缘。

在航班起飞前，国际航空在北京首都国际机场举行了 C919 飞机的首航仪式。仪式上，国际航空邀请奥运冠军代表上台，与现场嘉宾共同推动了象征 C919 启航的"飞机推杆"。

（资料来源：《国航 C919 成功首航！奥运冠军送祝福！》，民航资源网，2024 年 9 月 10 日）

? 国际航空为什么要邀请奥运冠军代表参加 C919 飞机首航仪式？

一、促销的内涵

促销是指民航企业通过各种方式将企业及其产品的相关信息传递给目标消费者，以激发他们的购买欲望，促使他们产生购买行为的市场营销活动。

在市场经济条件下，民航产品的生产和流通分属于不同的、相互独立的经济主体，生产者、经营者和消费者之间存在着信息上的分离。这就需要民航企业通过一定的形式将有关信息传递给消费者，以增进消费者对产品的关注和了解。因此，促销从本质上讲是为了加强民航企业与目标消费者之间的信息沟通。

二、促销的方式

（一）广告

广告是指民航企业支付一定费用，借助特定的媒体对产品进行广泛宣传，向广大消费者传递相关信息，以促进产品销售的一种促销方式。

1. 广告的构成要素

广告包括文字、图像、视频等多种形式，它主要由以下几个要素构成。

（1）广告主体，即发布广告的单位或个人。广告主体为了宣传产品而委托他人或自行设计广告，是广告的发起者和费用承担者。

（2）广告经营者，即专业的广告服务机构。广告经营者主要负责为广告主体提供广告策划、设计、制作等全方位的服务，如广告公司、广告代理商等。

（3）广告受众，即广告信息的传播对象，包括中间商、消费者等。广告需要针对目标受众的特点和需求进行精准投放，以提高其效果。

（4）广告信息，即广告的主要内容，包括产品信息、企业信息等。广告信息要能够吸引目标受众的注意，激发他们的购买欲望。

（5）广告媒体，即信息传播的媒介，是广告发布的载体，负责将广告信息传播给目标受众，主要包括报纸、杂志、广播、电视、网络媒体等。

2. 广告的功能

在民航业，广告的使用尤为普遍，其主要功能包括以下几个方面。

（1）传递产品信息，突出产品特色。广告是民航企业向消费者传递服务内容、促销活动等重要信息的主要渠道。通过凸显产品的特色和优势，广告能有效加深消费者对产品核心价值及差异化的理解，提升产品的市场认知度。

（2）塑造品牌形象，引领市场风尚。精心设计的广告内容和风格，不仅可以使产品信息的传递更加鲜活有力，还能帮助民航企业塑造独特的品牌形象，增强消费者对民航产品的信赖与偏好。此外，富有创意的广告还有助于民航企业引领市场潮流，激发民航业的创新活力，推动整个行业的蓬勃发展。

（3）激发消费潜能，引导消费选择。广告的魅力在于其强大的消费导向作用，它能激发消费者的购买欲望，使他们更倾向于选择广告中所宣传的民航产品，从而加速消费者的购买决策过程。

（4）提升市场竞争力，驱动需求增长。在激烈的市场竞争中，广告已成为民航企业提升市场竞争力的重要手段之一。通过广告，民航企业能提升自身形象在目标市场中的知名度和影响力，吸引更多潜在消费者的关注和选择，进一步推动产品销量的增长，加速市场需求的扩张。

（二）人员推销

人员推销是指销售人员以面对面口头交谈的方式，直接与中间商或消费者进行沟通，并采用一定的推销技巧与手段介绍、推广、宣传民航产品，以引导、说服中间商和潜在消费者采取购买行为的一种促销方式。

1. 人员推销的特点

（1）注重与消费者关系的培养。在推销过程中，销售人员往往会引入工作、生活等

超越交易范畴的话题，拉近与消费者的距离，还会为消费者提供多方面的服务，满足他们的需求，以争取更多的信任和支持。

（2）精准定向，成交率高。与广告相比，人员推销带有一定的倾向性，目标较为明确。销售人员通过专业的沟通能力与推销技巧，能够引起消费者对产品的关注和兴趣，促使消费者产生购买行为，这极大地提升了成交的可能性与效率。

（3）需要销售人员灵活应变。销售人员在与消费者面对面沟通时，需要随时捕捉消费者的反应和态度，然后迅速调整、优化所采用的推销策略，以确保推销活动的顺利进行。

（4）能够完善民航企业的促销策略。销售人员直接与消费者接触，能够搜集更多可靠的市场反馈信息。这些信息可以为民航企业促销策略的调整和优化提供有针对性的意见和建议，从而确保民航企业的促销活动更加贴合市场需求。

人员推销的常用策略

（5）推销范围窄，投入成本高。人员推销受限于销售人员的数量及活动区域，所能触及的消费者范围相对较窄。此外，人员推销是一种高成本的促销方式，对销售人员的要求较高，需要民航企业投入大量资金用于销售人员的培训、薪酬、日常运营等方面。

头脑风暴

有人说："人员推销就是多磨嘴皮、多跑腿，把手里的产品卖出去而已，不需要什么学问和技术。"你认同上述观点吗？和同学们讨论，说一说自己的看法。

2. 人员推销的形式

1）上门推销

上门推销是指销售人员携带产品的样品、说明书等上门拜访，向消费者介绍和推荐产品的行为。上门推销是最常见的一种人员推销形式，它可以针对消费者的个性化需求提供定制化产品及解决方案，但容易受时间、地点等因素的限制。在实际生活中，上门推销容易触发消费者的抵触情绪，成功率不高。

2）柜台推销

柜台推销，又称"门店推销"，是指民航企业选择适当的地点设立柜台或门店，由专业的销售人员接待到访的消费者，向他们详细介绍和推荐产品的行为。与上门推销不同，柜台推销采取的是等客上门的推销模式。

这种形式方便消费者亲自到门店了解产品，实时获取销售人员的专业解答和服务，满足自己的多元化购买需求。但是，柜台推销容易受柜台或门店的位置、营业时间等因素的限制。

3）会议推销

会议推销是指销售人员利用各种会议，如新闻发布会、产品订货会、展销会等，向

参会人员宣传、介绍、推销产品的行为。这种形式方便销售人员同时面向多个潜在消费者展示产品，但容易受会议规模、参会人员等因素的限制。

4）电话推销

电话推销是指销售人员通过电话与消费者联系，并向其介绍和推荐产品的行为。这种形式成本较低，可以覆盖更广泛的潜在消费群体，但容易受消费者的接听意愿、沟通效果等因素的限制。

（三）营业推广

营业推广是指民航企业为了鼓励消费者购买产品而进行的具有短期诱导性和强刺激性的一种促销方式。它直接而迅速，能在短期内取得明显的促销效果。但是，作为一种辅助性、非常规性的促销方式，营业推广通常需要配合其他促销方式协同作用，才能实现最佳的促销效果。

营业推广的形式丰富多样，包括赠送样品、赠送礼品、发放优惠券、打折促销、销售折扣、资金补贴、业务提成等。根据推销对象的不同，民航企业应采取不同的营业推广形式。

1. 针对消费者的营业推广

针对消费者的营业推广，其核心目的一是激励现有消费者重复购买，二是吸引潜在消费者尝试购买，扩大消费者群体。针对消费者的营业推广形式具体如表7-1所示。

表7-1　针对消费者的营业推广形式

序号	营业推广形式	内容
1	赠送礼品	赠送礼品是指民航企业为吸引消费者购买其产品，在他们购买时或购买后，将某种物品以附带、无偿的方式赠送给他们
2	发放优惠券	消费者持优惠券购买民航产品可以抵扣一定金额的价款或享受额外的服务
3	现场展示	销售人员可以通过现场展示民航产品的独特功能，提升产品介绍的说服力，增强消费者的购买意愿
4	消费信贷	对于价格较高的民航产品，民航企业可以推出灵活的支付政策，支持消费者通过赊销、分期付款等方式来购买产品，从而降低消费者的购买门槛和财务负担
5	打折促销	打折促销是最直接有效的营业推广形式之一。但是，民航企业要避免给消费者留下处理滞销产品、清理库存的印象
6	会员优惠制度	民航企业可以向其会员提供一系列优惠措施，包括但不限于直接折扣、现金返还、积分累积、优惠券等。一般情况下，会员的消费额越高，所能享受到的权益就越丰富。例如，某航空公司为其会员提供免费升舱、积分兑换机票等服务
7	抽奖	消费者购买一定数量或金额的民航产品后获得抽奖机会，可以增强他们对购物过程的参与感，激励他们增加购买频率

2. 针对中间商的营业推广

针对中间商的营业推广，其核心目的在于调动中间商销售产品的积极性，从而提高产品的市场占有率。针对中间商的营业推广形式具体如表7-2所示。

表7-2 针对中间商的营业推广形式

序号	营业推广形式	内容
1	销售折扣	销售折扣，又称"商业折扣"，是指民航企业为激励中间商增加采购量而提供的一种价格折扣优惠措施。一般情况下，中间商的购货量越大，所能享受到的折扣优惠也越大
2	资金补贴	为了鼓励中间商积极销售产品，民航企业可以向其提供一定的资金扶持，以降低中间商的经营成本，提高其销售利润，如经销补贴、市场推广补贴、降价销售补贴等
3	免费赠品	在向中间商销售产品的过程中，为了使中间商更好地开展销售活动，民航企业可以提供一些额外的赠品，如印有民航企业品牌标志的办公用品、展示货柜等
4	订购会	在销售旺季来临之前，民航企业可以组织产品订购会，并邀请中间商参与，旨在鼓励他们把握时机，积极预订大批量民航产品，实现双方共赢

3. 针对销售人员的营业推广

针对销售人员的营业推广，其核心目的在于鼓励销售人员积极开展销售活动，开拓潜在市场。针对销售人员的营业推广形式具体如表7-3所示。

表7-3 针对销售人员的营业推广形式

序号	营业推广形式	内容
1	业务提成	为了充分激发销售人员的积极性，民航企业可以在销售人员达成既定的营销目标后，按照销售额的一定比例向其发放业务提成。具体提成比例可以依据产品类型、销售难度、市场情况等因素进行设定
2	分红奖金	对于表现卓越的销售人员，民航企业可以根据自身的财务状况、整体销售业绩、销售人员的贡献程度等向他们发放分红奖金，促使他们更加关注企业的长期发展
3	销售竞赛	为了激发销售人员的竞争意识，推动销售业绩的快速增长，民航企业可以组织销售人员参与销售竞赛，对完成销售任务且表现优异的销售人员给予现金奖励、实物奖励、旅游奖励等

（四）公共关系

公共关系是指民航企业运用各种传播手段与社会公众建立良好关系，积极传播对企业有利的正面信息，加深社会公众对企业的认识、理解和支持的一种促销方式。它能够帮助民航企业改善外部环境和舆论氛围，树立并维护民航企业良好的社会形象，为民航企业的长远发展奠定基础。

1. 公共关系的结构

公共关系是通过民航企业、社会公众和传播手段这三个构成要素间的相互作用来实现的，其结构如图7-1所示。

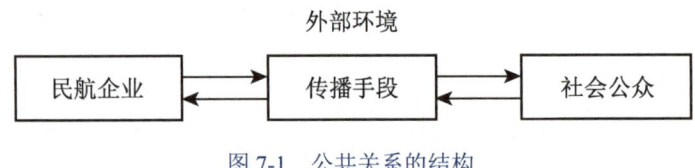

图7-1　公共关系的结构

在公共关系的结构中，民航企业是公共关系的主体，即发起者和承担者；社会公众是公共关系的客体，即参与者，包括与民航企业直接或间接相关联的个人、群体及各类组织；传播手段是连接公共关系主体和客体的桥梁。只有主体和客体双方都参与到传播过程中，才能构成一个完整的公共关系。

"十分"关爱基金会

2005年5月13日，南方航空出资创立了"十分"关爱基金会。该基金会的名称具有以下双重含义：一方面，"十分"表示旅客每乘坐一次南方航空的航班，南方航空就捐出10分钱注入该基金；另一方面，"十分"代表着南方航空对履行社会责任、支持公益事业的关注与投入程度。

自创立以来，"十分"关爱基金会始终秉承着"为扶贫济困、救孤助残、赈灾救援、助学兴教等社会公益活动提供资助或奖励，弘扬社会美德，彰显企业责任，引导社会风尚"的宗旨，捐赠了巨额善款。其中，向多所知名高校捐助的助学金总额相当可观，资助了成千上万名家庭经济困难、品学兼优的学生。这为社会公益事业，尤其为中国的教育事业贡献了巨大的力量。

（资料来源：《南航"十分"关爱基金会》，中国南方航空官网，

2021年3月2日）

2. 公共关系的特点

（1）与广告等促销方式相比，公共关系的可信度更高，真实性更强，更容易赢得消费者的信赖。

（2）公共关系是一种更为含蓄、不直接涉及经济利益的促销方式，有助于消费者减轻防卫心理，更容易接受民航企业传递的信息。

（3）公共关系能够引发广泛的社会反响，甚至产生轰动效应。这不仅有助于提升民航企业的知名度和社会形象，还能激发消费者的购买欲望，进一步提升企业的经济效益。

3．公共关系的功能

（1）凝聚功能。公共关系的核心理念在于内求团结，外求发展。作为一种管理手段，公共关系可以激发员工的归属感与自豪感，充分调动他们的积极性，挖掘其内在潜能；作为一种宣传方式，公共关系可以赢得社会公众的好感、认同和信任，为企业树立良好的社会形象。

（2）监测功能。民航企业通过定期搜集、分析、反馈公共关系信息，可以有效监控、预测公共关系态势，检验企业市场营销活动的成果。这也是及时纠正偏差，保证企业正常运营的有效手段。

（3）应变功能。民航企业不可能完全精准预测所有情况，这就要求企业具备强大的应变能力。一旦遭遇意外事件或产生矛盾与纠纷，民航企业应迅速行动，设法控制局面，并竭力采取补救措施，以降低对社会的影响，维护自身的声誉。

民航视窗

民航企业需要协调的公共关系

企业形象的建立与维护是一项长期且艰巨的任务。在这一过程中，民航企业需要精心协调各种公共关系。

（1）与消费者的关系。与消费者保持和谐的关系，是民航企业树立良好口碑的基础。民航企业应注重提升服务质量，确保飞行安全，善于倾听消费者意见，以赢得消费者的信任。

（2）与社交媒体的关系。在数字化时代，与社交媒体保持紧密的合作关系至关重要。民航企业应及时、透明地处理社会公众关注的事件，并利用社交媒体平台传播正面信息。特别是在应对航班延误、服务瑕疵等问题时，民航企业应与媒体携手，准确传达信息，以获得社会公众的理解与支持。

（3）与政府及相关组织的关系。赢得政府及相关组织的信任与支持，是民航企业稳健前行的有力保障。民航企业应积极响应政策导向，定期开展航空安全教育、环境保护宣传等社会公益活动，塑造积极向上的社会形象。

（4）与同行企业的关系。同行企业既是竞争者，又是相互依存的合作者。民航企业应秉持开放包容的态度，与同行企业进行交流与合作，通过联合促销、共建航空联盟等方式，共同提升整个行业的服务水平。

三、促销组合

（一）促销组合的含义

促销组合是指民航企业根据产品特色和促销目标，综合运用广告、人员推销、营业

推广、公共关系等促销方式，最大限度地发挥整体促销效果，从而顺利实现企业促销目标的策略。

（二）促销组合的影响因素

在确定促销组合时，民航企业应考虑以下几种影响因素，扬长避短，适当地选择和运用不同的促销方式，以有效开展促销活动。

1．促销目标

促销目标是指民航企业开展促销活动要达到的目的。要想确定最佳的促销组合，取得理想的促销效果，民航企业首先要明确促销目标。同时，在市场营销活动的各个阶段，由于市场需求的变化，民航企业往往需要设定不同的促销目标，并据此调整促销组合。

需要注意的是，不同的促销方式在实现相同的促销目标方面存在着不同的效果。例如，在提升消费者对民航企业及其产品的了解方面，广告的效果通常优于人员推销；在获取消费者对民航企业及其产品的信任方面，人员推销的效果则优于广告。

2．企业实力

无论采用何种促销方式，民航企业开展促销活动均需要投入一定的资金。因此，在选择促销方式时，民航企业应从自身的实际情况出发，以自身的资金状况能否有效支撑某一促销活动的顺利实施为标准，合理规划促销预算，以确保实现经济效益最大化。一般情况下，当促销预算充足时，民航企业往往倾向于选择广告和人员推销；反之，则更倾向于选择营业推广。

民航企业能够用于促销活动的资金往往是有限的。如何在有限的预算内，获得最佳的促销效果？和同学们讨论，说一说自己的看法。

3．产品性质

不同性质的民航产品应当采用不同的促销组合。例如，对于常规的国内航线机票，由于其市场覆盖面广泛，旅客群体多样，航空公司在促销时通常会侧重于采用广告，以吸引广大旅客的注意；对于高端的商务包机服务，由于目标旅客群体相对狭窄且购买决策过程复杂，航空公司更倾向于采用人员推销，以确保精准对接高端旅客的需求。

4．产品生命周期

在民航产品生命周期的不同阶段，由于促销目标不同，民航企业采用的促销组合也会有所不同，具体如表7-4所示。

表 7-4　产品生命周期不同阶段的促销目标与促销组合

生命周期	促销目标	促销组合
导入期	提高产品知名度	以广告、人员推销为主
成长期	树立品牌形象，激发消费者的购买欲望	改变广告形式，重点宣传产品特色，以公共关系为辅
成熟期	提高产品美誉度，加强消费者的偏好	增加营业推广，辅以人员推销，广告宣传要着重强调本产品与其他产品的差别
衰退期	维持消费者的偏好和信任	以营业推广为主，以广告为辅

5. 市场条件

基于不同的市场条件，民航企业通常会采取不同的促销组合。这些市场条件涵盖市场范围、消费者数量、产品品牌效应等多个方面。

（1）从市场范围来看，如果民航产品的目标市场为规模较小的地方性区域，民航企业应以人员推销为主；如果民航产品的目标市场覆盖广泛，遍及全国，民航企业应以广告为主，以迅速扩大产品的影响力。

（2）从消费者数量来看，如果消费者较多，民航企业应以广告为主，以吸引尽可能多的潜在消费者；如果消费者相对较少，但购买量大、成交额高，民航企业应以人员推销为主，通过与消费者深入交流，为其提供定制化服务，以增强消费者黏性。

（3）对于已形成品牌效应的产品，民航企业应根据品牌效应的强弱来选择促销组合。品牌效应较强的民航产品通常以广告为主，以进一步强化品牌形象，提升品牌知名度；品牌效应相对较弱的民航产品则更多地依赖营业推广，以增强产品的市场竞争力，吸引更多消费者的关注。

6. 竞争者状况

民航企业应密切关注市场中竞争者的促销动态，根据竞争者的促销方式灵活调整自身的促销组合，以确保在激烈的市场竞争中处于优势地位，不断适应市场需求的变化。

7. 促销管理水平

不同民航企业的管理水平不同，选择的促销组合也会有所不同。例如，那些擅长人员管理的民航企业往往会将人员推销作为主要促销方式，以更直接、个性化的方式吸引并留住消费者；那些在广告策划方面更具优势的民航企业，则倾向于通过广告进行品牌推广，以提高品牌的知名度，提高产品的市场占有率。

民航贴士

任何促销方式的运用都是有条件的，民航企业应当根据自身的需要组合不同的促销方式，以适应不同的促销目标和市场营销环境。

 **任务实施**

分享民航企业的促销组合方案

全班学生以小组（6～8人）为单位，每组搜集民航企业的促销案例和资料，然后结合所学知识，完成以下任务。

（1）整理搜集到的案例和资料，了解所选民航企业采用的促销方式，并分析其在促销方面存在的问题。

（2）根据所选民航企业的特点构思促销组合方案，并说明理由。

（3）结合小组成员的思路撰写一份促销组合方案策划书。策划书应包含主要的促销方式或促销组合、具体的操作方案、与现有促销方式的不同点等内容。

（4）组织促销组合方案分享会，派代表在课堂上展示促销组合方案策划书。

（5）展示结束后，指导老师进行评价。

 **任务评价**

各小组成员可参考表7-5所列的评价标准对任务实施环节的具体表现进行评价，并请指导教师进行点评。

表7-5 任务实施评价表

评价内容	评价标准	分值	评价分数	
			自评	师评
准备工作（30分）	任务分配均衡，分工明确	15		
	搜集的资料全面、准确	15		
技能实操（50分）	识别所选民航企业在促销方面存在的问题	15		
	提出有针对性的促销组合方案	15		
	全面总结各小组成员的促销组合方案思路	20		
成果呈现（20分）	促销组合方案策划书结构清晰，内容翔实	10		
	展示重点突出，条理清晰	10		
合计		100		
总评	自评（30%）+师评（70%）=		教师（签名）：	

任务二　制订民航企业的促销策略

任务导入

"囤票游"

近年来，年轻消费群体对"特种兵式"旅游、"说走就走式"旅游展现出极高的热情。相较于传统的"搜索—预订—出票"购票流程，他们更倾向于"浏览—囤票—使用"的新型消费模式。这种模式因其高灵活性和高性价比，使得诸如"囤票游"之类的民航产品迅速成为主流选择之一。

不同的购物节期间，各航空公司会携手在线旅游平台推出不同的创新产品，并在直播平台上力推深受年轻人喜爱的机票次卡。例如，春秋航空在直播间推出的99元、199元单次卡，可兑换热门地区的多条航线机票，并承诺未兑换使用的产品可全额退款。这极大地激发了消费者的购买欲望，提高了产品销量。

"囤票游"作为一种权益类产品，要求航空公司让渡部分产品价值，以换取消费者的高性价比体验，这恰好满足了年轻人"宁可买贵，不愿买亏"的消费心理。它的兴起在短时间内吸引了一大批年轻消费群体，使航空出行逐渐成为更多旅客尤其是年轻旅客的首选出行方式。

（资料来源：金杰妮，《年轻旅客为何"双十一"热衷囤机票？》，
《中国民航报》2023年11月17日）

？ 为了激发消费者的购买欲望，各航空公司采取了哪种促销策略？

一、广告策略的制订

（一）明确广告目标

广告目标是民航企业制订广告策略的前提。根据不同的广告目标，民航企业应选择不同的广告类型。例如，为了推出新航线，航空公司会选择告知性广告，旨在向消费者传递新航线的基本信息；为了推广特定航线、节假日促销活动等，航空公司会选择劝说性广告，旨在激发消费者的购买欲望，促使其快速做出购买决策；为了推广常规航线，航空公司会选择提醒性广告，旨在强化其在消费者心中的活跃度和记忆度，提醒消费者在需要时优先选择。

（二）制作广告预算

在明确广告目标后，民航企业需要根据自身的实际情况制作一套详尽的广告预算方案。一般情况下，民航企业可以依据以往的销售业绩记录、预期的营销目标、可支配的资源等来合理规划广告预算。当然，在资源有限的情况下，民航企业应保持谨慎态度，避免带来成本超支的风险。

（三）选择广告媒体

不同的广告媒体有着其独特的优势与局限性。在面临众多广告媒体时，民航企业要综合考虑广告媒体的持续影响力、传播效果等因素，以成本效益为原则，选择最契合企业需求的广告媒体。

1．广告媒体的类型

常见的广告媒体有报纸、杂志、广播、电视、户外数字媒体、网络媒体等。

1）报纸

报纸是传递信息的重要工具，是广告中运用较多的媒体形式之一。其优势如下：① 制作简单，成本较低；② 读者群体稳定；③ 信息传递迅速、及时。其局限性如下：① 广告内容和形式受版面的限制大；② 以新闻为主，表现形式单调，易被读者忽略；③ 广告时效短。

2）杂志

杂志通常利用封面、封底、内页、插页等位置刊登广告。其优势如下：① 便于保存，可供消费者反复阅读；② 部分杂志的内容专业性较强，有固定的读者群体，便于民航企业有针对性地刊登相应产品的广告；③ 制作精良，对读者有较大的吸引力。其局限性如下：① 出版周期长，缺乏时效性，不利于相关产品信息的快速传播；② 部分杂志的制作成本较高。

3）广播

广播属于听觉媒体，主要利用无线电或有线广播来传播广告。其优势如下：① 传播速度快，传播空间广；② 传收同步，听众能收听到最新的产品信息；③ 重播率高，能加深消费者对产品的印象；④ 制作简单，成本较低。其局限性如下：① 产品信息只能以声音的形式传播，缺少视觉图像的刺激；② 声音转瞬即逝，难以记忆和保存；③ 广播频段、频道不固定，需要经常调整，可能妨碍相关产品信息的传播。

4）电视

电视是同时具有视听效果的广告媒体，也是现代生活中不可缺少的信息传播工具。其优势如下：① 覆盖面广，信息传播不受时空限制；② 形声兼备，直观、生动、形象，感染力和娱乐性较强，宣传效果好；③ 可重复使用，可信度高。其局限性如下：

① 制作成本高，制作周期长；② 播放费用高，播放时间短；③ 无法选择目标广告受众。

5）户外数字媒体

户外数字媒体通过借助公共场所的路牌、公交车体、大型灯箱等载体，利用 LED 显示屏、电子广告牌等科技手段来展现产品，吸引过往人群的注意。其优势在于覆盖范围广、视觉冲击力强、传播效果好。然而，其运营成本相对较高，且为了维持广告内容的持续吸引力和时效性，民航企业需要进行设备的定期维护与内容的适时更新。

6）网络媒体

网络媒体是指能够在互联网上发布广告的各类媒体。随着信息技术及互联网的发展，以搜索引擎、社交媒体、新闻媒体、视频平台、电商平台等形式出现的网络媒体层出不穷。

其优势如下：① 传播速度快，时效性强，影响力大；② 不受时间、空间的限制，交互性强，可随时随地与消费者进行互动；③ 成本效益高，广告内容更新便捷。其局限性如下：① 部分网络媒体缺乏权威性，可能会导致消费者对其内容持怀疑态度，进而过滤掉这些广告信息；② 广告对象的筛选不够精确，难以针对特定目标群体实施有效传播，对于非网络用户群体来说存在覆盖盲区。

 同步案例

A 航空公司的广告营销策略

A 航空公司积极推行广告营销策略，以生动有趣的方式巧妙地将民航产品呈现给消费者，从而拉近与广大消费者之间的距离。

一、网站营销

A 航空公司不仅在其官方网站上发布航班信息、旅行指南、会员专享服务等内容，还在各大电商平台设立官方旗舰店。这些店铺通过销售特色旅行产品及航空纪念品来传播企业文化，扩大民航产品的知名度。

二、社交媒体营销

A 航空公司的官方微博凭借富有亲和力的风格，定期发布产品促销活动等信息，吸引了大量微博用户的密切关注。与此同时，其官方微信公众号则通过分享旅行故事、特色航线介绍等精彩内容，激发了微信用户的互动热情，获得了显著的正面营销效应。

三、视频营销

A 航空公司主要采用宣传片、直播等形式进行视频营销。通过直播带领观众参观机库、近距离了解飞机维护过程，A 航空公司展示了其专业的技术实力和对安全的高度重视，同时也在广大旅客心中树立了值得信赖的品牌形象。

2．选择广告媒体的参考因素

广告媒体的特点不同，其发挥的作用也有所差异。为了使广告以较低的成本达到较好的促销效果，民航企业在选择广告媒体时应参考以下几种因素。

1）产品特色

产品特色不同，其所适用的广告媒体也有所区别。日常民航产品，如旅行套餐、飞机餐食、航空纪念品等，宜选用电视、网络等视觉冲击力强的广告媒体，直观生动地展现产品特色与服务亮点，吸引广大消费者的注意；专业性较强、技术含量高且价格昂贵的民航产品，宜选用专业的杂志进行深度推广，详细阐述产品的技术细节与性能优势。

2）产品销售范围

广告的最终目的是促进产品销售。因此，广告媒体的覆盖范围应与产品的销售地域相契合。例如，仅面向特定区域销售的民航产品宜选用当地影响力大的广播、电视等广告媒体，销往全国各地民航产品则应优先考虑网络媒体。

有人说："广告的核心在于促进产品销售，提升企业的经济收益。"还有人说："广告的核心在于塑造品牌形象，传播企业文化，为企业的长远发展奠定基石。"你认同上述观点吗？和同学们讨论，说一说自己的看法。

3）企业需求

民航企业的需求不同，对广告媒体的要求也不同。一般情况下，追求信息传播速度及覆盖范围的民航企业，宜选用时效性强、知名度高的广告媒体，如电视、广播等；对时效性要求不高，更注重信息传播深度与持久影响力的民航企业，可以考虑制作周期长但内容丰富、翔实的杂志。

4）收费标准

不同广告媒体的收费标准是不同的，同一广告媒体不同时段、不同版面的收费标准也有所不同。因此，民航企业应根据自身的经济实力，选择性价比高的广告媒体，以确保广告投资的经济性与回报率。

5）消费者习惯

消费者的年龄、性别、教育背景、经济状况、社会地位等，均会影响其使用广告媒体的偏好。因此，民航企业在选择广告媒体时应紧密贴合目标消费群体的习惯与偏好。例如，对于老年群体，电视、广播、报纸、杂志等传统媒体更为适宜；对于年轻群体，网络媒体更为适宜。

（四）设计广告内容

广告内容的设计核心在于确定产品信息传递的内容与形式。广告内容不仅应通俗易懂，让消费者迅速了解所要传递的核心信息，还应具备独特的风格，吸引目标消费者的

关注，达到良好的宣传效果。为了制作高质量且富有创意的广告，民航企业在设计广告内容时应关注以下几个方面。

1．增强广告的具象性

民航企业可以将产品与某种有形物品或场景联系起来，通过容易被感知的实体元素来制作广告。例如，某航空公司通过"商务精英手持该公司的定制机票夹步入机场贵宾休息室"的广告画面来展现其市场定位，并巧妙借助机票夹、休息室这些具象化的元素将品牌形象与高品质的飞行体验紧密相连，在消费者心中留下了深刻印象。

2．强调产品的特色和优势

民航企业在广告中应当重点展现产品的特色和优势，清晰地向消费者传达选择该产品所能获得的好处。以某航空公司为例，其广告语"尊享云端头等舱，附赠豪华酒店一夜安眠，让您在长途飞行后也能享受极致的休憩体验"，不仅展示了头等舱的尊贵服务，还直接点明了额外的住宿福利，以满足部分追求高品质休息环境的旅客需求。

3．激发美好的联想

在设计广告内容时，民航企业可以融入与飞行旅程相关的场景与情感联想，为消费者营造一个充满吸引力的美好愿景。例如，某航空公司推出的广告宣传片中，一家人在舒适的机舱内透过舷窗，欣赏着万米高空之下祖国辽阔而壮美的山川湖海。这温馨而震撼的画面深深打动了消费者的内心，激发了消费者想要与亲人一同启程，飞往远方，共同探索这个多彩世界的愿望。

4．重视品牌形象宣传

民航企业可以将品牌形象作为广告宣传的核心要素，以提升消费者对产品的信赖与好感。以厦门航空为例，其广告语"人生路漫漫，白鹭常相伴"，将自身比作漫长旅途中的忠诚伴侣——白鹭，并巧妙地将白鹭与公司的品牌标志相结合，加深了消费者对厦门航空的印象。

5．利用名人效应

在利用广告推广产品时，民航企业可以邀请名人担任品牌形象大使，借助他们的影响力和正面光环效应，拉近与消费者之间的距离。需要注意的是，名人效应会伴随着潜在的风险。一旦这些名人因个人的不当行为陷入负面舆论，民航企业的品牌形象也会随之受到影响。

 同步案例

与东方航空共赴"勇毅前行"之旅

2023 年 1 月 9 日，东方航空迎来了发展 66 周年。在这个意义非凡的日子里，东方航空携手其品牌代言人，发布了精心制作的宣传片《勇毅前行》。

这部宣传片以古代、现代两种风格演绎了一个心向雪山的"远行者"，历经艰难险阻，无论时光流逝、岁月流转，始终怀揣最初的信念，向着目标不断探索前进的故事。

这一故事不仅是对"远行者"坚韧不拔精神的颂扬，更是对东方航空的深刻诠释——无论外部环境如何变化，东方航空将始终关爱每一位旅客，珍视每一次翱翔天际的机会，坚守初心，勇往直前。

（资料来源：《从革新型飞机到国产 C919 中国东航发布新宣传片迎接发展 66 年》，

《东方航空报》2023 年 1 月 10 日）

（五）预估广告推出时间

广告推出时间对于整个广告策略的成功起着至关重要的作用。一般情况下，民航企业需要充分考虑目标市场的特点、目标消费者的习惯、自身的经济实力等因素，选择最佳的广告推出时间。

（六）评估广告效果

民航企业可以通过搜集、分析诸如广告点击率、转化率等关键指标的数据，来评估广告宣传的实际成效。基于这些评估结果，民航企业可以有针对性地调整广告策略，提升产品的市场吸引力，并为后续的广告宣传活动提供参考。

广告效果的评估方法

民航视窗

广告的评价原则

广告的评价一般应遵循"SCORE"原则，其具体内容如下。

（1）S 代表 simplicity，即简洁。越是简洁的广告，越能给人留下深刻的印象。为了突出广告主题的记忆点，广告的表现形式应力求简洁。

（2）C 代表 credibility，即可信度。广告不能欺骗、误导消费者，不能夸大事实。广告的表现形式应与产品内容相适应，以增加广告的可信度。

（3）O 代表 originality，即创新。无论是广告的理念还是表现手法，都应能给消费者带来耳目一新的感受。

（4）R 代表 relevance，即切题。广告的表现形式可以不拘一格，但必须遵循"形散而神聚"的原则，即围绕产品的利益点进行宣传。

（5）E 代表 empathy，即共鸣。广告要与目标消费群体实现有效沟通，在目标消费者心中引起情感共鸣，从而使消费者产生好感和认同感。

二、人员推销策略的制订

（一）寻找消费者

人员推销是针对特定消费群体展开的。因此，销售人员首先要确定潜在消费者的范围，再推进实际的销售工作。

销售人员在寻找消费者时，可以先根据产品特色设定可能成为潜在消费者的基本条件框架，包括目标消费群体的范围、类型及重点推销的区域等，然后通过多样化的线索和渠道，寻找符合这些基本条件的消费者。

（二）接近消费者

接近消费者，即销售人员与目标消费者建立联系，旨在为后续进入正式推销阶段奠定基础。这一环节的成功与否决定了整个推销流程能否顺利进行。

接近消费者的常用方法包括以下三种：① 借助人际网络接近消费者，如通过朋友介绍；② 利用求荣心理接近消费者，如采取赞美、求教、聊天等方式拉近彼此距离；③ 利用求利心理接近消费者，如通过提供赠品、优惠券或阐明产品能为其带来的好处等吸引消费者。

无论采用何种方法接近消费者，销售人员必须在消费者心中塑造诚实可靠的形象，以真诚与尊重来打动消费者。同时，销售人员还应控制接近时间，适时且自然地过渡到正式推销面谈阶段，以达到最佳的沟通效果。

（三）推销面谈

推销面谈是指销售人员运用各种技巧与手段说服消费者购买民航产品的过程，是整个推销活动的关键环节。

在推销面谈前，销售人员务必要做好充分的准备工作，如了解民航产品信息、明确面谈目标、拟定面谈方案等。只有做好准备，销售人员才能在面谈中占据主动地位，有效引导对话进程。在推销面谈中，销售人员应掌握以下推销技巧。

（1）运用富有趣味性的开场白，或事先准备一些能激起消费者好奇心的问题，然后在推销过程中逐一揭晓答案，从而吸引消费者的注意。

（2）采用限时特惠、限量发售等推销手段，借助倒计时、库存紧张等手段营造紧迫感，从而激发消费者的购买欲望。

（3）精准把控推销节奏，合理安排民航产品介绍与互动环节，如邀请消费者参与抽奖、趣味答题等，以保持消费者的参与热情，避免其产生疲劳感。

（4）通过分享触动人心、引发情感共鸣的个人经历或故事，拉近与消费者之间的距离。但在这一过程中，销售人员必须做到言行一致，坚决抵制虚假宣传，确保所推荐的

民航产品真实可靠。

（四）处理异议

异议是指消费者对推销产品、推销活动等提出的怀疑、否定或反面意见。面对消费者提出的异议，销售人员首先应细致分析消费者产生异议的原因，再采取以下方法加以应对。

（1）迂回否定法，即销售人员通过间接的方式，首先附和消费者的意见，承认其见解，然后抓住时机强调民航产品的独特优势，并清晰地表明自己的观点，以此来说服消费者，引导其做出购买决策。

（2）询问处理法，即销售人员通过直接追问消费者产生异议的原因，并据此找出异议的根源，然后有针对性地做出答复，给予相应的处理意见。

（3）预防处理法，即销售人员提前预设可能遇到的消费者异议，主动为消费者提供详尽的解释和说明，从而解除消费者疑虑，促成产品交易。

（4）补偿处理法，即销售人员从民航产品整体价值的角度出发强调产品的综合优势，通过展示民航产品在其他方面的优势来平衡产品可能存在的不足。

（5）延期处理法，即销售人员在面对消费者的异议时，选择暂时搁置争议，不直接进行回答，而是先对民航产品进行示范演示，随后再针对异议进行解答和说明，从而消除消费者的异议。

（五）达成交易

达成交易是指消费者接受销售人员的建议，明确做出购买决定，并采取购买行为的过程。消费者的购买意向往往会在不经意间通过他们的肢体语言、面部表情等细微之处流露出来。因此，销售人员要具备敏锐的洞察力，善于捕捉这些微妙的信号，以便在合适的时机促成交易。

（六）跟踪服务

跟踪服务是指销售人员为购买民航产品的消费者提供全方位售后服务的过程。达成交易并不意味着推销活动的结束，销售人员还需要持续为消费者提供细致入微的售后服务，确保消费者没有后顾之忧。跟踪服务不仅能加深消费者对民航企业及其产品的信赖，促使他们重复购买产品，还能帮助民航企业有效搜集反馈信息，为进一步优化促销策略提供参考。

三、营业推广策略的制订

（一）明确营业推广目标

民航企业实施营业推广活动前，首先要明确营业推广目标。一般情况下，针对消费

者的营业推广目标是激发消费者的尝试意愿并促使其购买产品，针对中间商的营业推广目标是与中间商建立紧密的合作关系，针对销售人员的营业推广目标是鼓励销售人员积极拓展市场，开辟新的销售领域。

（二）制订营业推广方案

一般情况下，营业推广方案主要包括以下内容（见表7-6）。

表7-6　营业推广方案的内容

序号	组成部分	具体内容
1	推广对象	推广对象可以是目标市场中的全部消费者，也可以是其中的一部分。民航企业应优先选择那些积极参与营业推广活动的消费者或潜在消费者作为推广对象
2	推广程度	营业推广活动的程度要适当。推广活动的程度若对目标消费者的刺激不足，则无法实现预期目标；反之，则可能导致成本过高或引起推广对象的误解与反感
3	推广规模	推广规模，即推广对象的范围。民航企业应结合目标市场的实际情况，根据推广收入和推广成本之间的效用关系来确定推广规模的大小
4	推广形式	不同的推广形式所产生的促销效果各异。民航企业应综合考虑目标市场的特点、营业推广目标、竞争环境、产品特色、推广成本、效率等因素，选择恰当的推广形式
5	推广期限	推广期限，即营业推广活动的持续时间。推广期限的设定需谨慎，期限过短可能会导致潜在消费者因错过优惠而流失；期限过长则可能削弱优惠的紧迫感，使消费者对产品产生负面印象，降低促销的吸引力。一般情况下，民航企业可以参照消费者的平均购买周期、淡旺季规律等设定合理的推广期限
6	推广预算	民航企业应当在开展营业推广活动前对所需费用做好详细预算。确定推广预算的常用方法包括：① 参照法，即基于上一期的推广费用，同时考虑市场变化与活动需求来设定当期预算；② 比例法，即按过往经验设定各类推广费用占总营销预算的比例，以确保资源分配的均衡

（三）实施营业推广方案

在营业推广方案确定后，民航企业在条件允许的情况下可先进行小规模测试，检验方案的合理性和可行性。一旦测试成功，民航企业应制订一套详细的营业推广方案，确保其能够高效、有序地执行。实施营业推广方案期间，民航企业应密切关注市场动态与反馈，根据实际情况适时调整营业推广方案，确保营业推广活动顺利达到预期效果。

（四）评价营业推广效果

评价营业推广效果有利于民航企业总结经验，为今后的营业推广决策提供依据。常用的营业推广效果评价方法如表7-7所示。

表 7-7　营业推广效果的评价方法

序号	评价方法	内容
1	比较法	比较法是采用最为普遍的一种方法。它通过对比营业推广活动实施前、中、后各阶段的营业情况变化，包括销售额、市场占有率等关键指标，来直观反映营业推广活动的效果
2	调查法	调查法是在营业推广活动结束后，通过问卷调查、访谈等方式，搜集参与者对活动内容的反馈与看法，以及营业推广活动对他们未来购买决策的影响程度，来评价营业推广活动的效果
3	试验法	试验法是在不同地区或细分市场中，对各种营业推广活动进行小范围试验，以对比不同营业推广活动的效果

四、公共关系策略的制订

公共关系策略的制订聚焦于公共关系活动的规划与实施上。在组织公共关系活动时，我们应当完成以下内容。

（一）明确公共关系活动目标

开展公共关系活动的首要任务是明确公共关系活动的目标。民航企业应当根据当前公共关系形象及存在的问题设定活动目标，以确保活动开展的针对性和有效性。

（二）制订公共关系活动方案

民航企业应全方位挖掘自身及其产品的独特故事或重大新闻点，筛选有价值的信息，并选择合适的传播途径，然后依据活动目标制订公共关系活动方案。一个完整的公共关系活动方案应包含活动背景与目的、活动主题与口号、目标公众与对象、活动形式、活动时间与地点、活动预算与资源需求、活动执行与宣传等，以确保公共关系活动的顺利进行和目标的顺利实现。同时，公共关系活动方案还应具有灵活性和可调整性，以应对可能出现的各种情况和挑战。

其中，活动形式是公共关系活动方案的重点。一般情况下，民航企业可以采用以下几种公共关系活动形式。

1. 借助新闻媒体进行宣传

新闻媒体是开展公共关系活动的主要方式之一。民航企业可以通过新闻报道、人物专访等形式，展示自身的正面形象与成就。与广告相比，新闻媒体更具有客观性和公信力，能够取得更好的宣传效果。需要注意的是，民航企业借助新闻媒体宣传的内容必须符合国家相关法律法规。

2. 积极参与公益活动

民航企业可以积极参与公益活动，为各类重大社会事件和公益项目提供帮助与支

持。例如，赞助体育竞赛、艺术展览等文体活动，教育、健康、扶贫等公益慈善事业，城市绿化、公共交通改善、环境保护等市政基础设施建设项目。这些公益活动不仅可以充分展现民航企业的社会责任感，有效提升企业的知名度与美誉度，也有助于民航企业与相关领域建立稳固的合作关系，赢得广大消费者的认可与青睐。

民航视窗

南方航空的绿色公关

为了贯彻落实国家部署要求，南方航空率先发布了"双碳"行动计划，将绿色发展作为其培育绿色低碳竞争优势、实现经济效益和社会效益双赢的重要举措。

多年来，南方航空从飞机节能减碳、降低地面能耗、旅客绿色出行等环节着手，聚焦打造"3+1"现代绿色供应链体系，以加快数字化转型为支撑，构建"绿色航油""绿色航食""绿色出行"供应链集群，摸索出一套从空中到地面、从场内到场外、从运行到管理的绿色发展新模式。

（资料来源：《中国南方航空集团有限公司：聚焦打造绿色供应链 探索绿色发展新模式》，"一带一路"经济与环境合作论坛官网，2023 年）

3．开展社交活动

民航企业可以通过开展知识竞赛、文化讲座、联谊会等社交活动与社会公众互动，从而改善、加强与社会公众的关系。这类活动对于改善民航企业的市场营销环境、促进多方合作等也具有积极的推动作用。

4．利用展销会与展览会

展销会与展览会是民航企业展示自身实力、扩大外部影响力的有效途径。在这些重要场合，民航企业不仅要展示优质的产品，更要提供细致入微的专业服务，以全方位塑造、提升企业的形象。

5．邀请名人代言

民航企业可以邀请名人参与企业的相关活动，借助名人的影响力与号召力提升品牌知名度。

6．刊登公共关系广告

与纯粹的商业广告不同，公共关系广告更注重宣传企业形象。它通过讲述，民航企业历史、向同行表达祝贺、向社会公众致歉或鸣谢等方式，传达民航企业的价值观，从而加深社会公众对企业的了解和认同。

7．利用互联网传播

在数字化时代，民航企业可以利用互联网的便捷性和广泛性，以文字、图片、音频、视频等多种形式实现信息的快速传播，如官方网站的内容发布、在线视频直播、参

与论坛讨论等。尤其在处理危机公关时，互联网能够迅速传递真实信息，有效引导舆论，维护民航企业的品牌形象。

 民航贴士

　　危机公关是公共关系中的重要组成部分，是指当民航企业或其产品因某些事故、意外事件等形象受损时，企业充分利用其公共关系资源与手段，采取一系列有效措施化解危机，恢复并增强社会公众的信任。

（三）实施公共关系活动方案

　　在实施公共关系活动方案的过程中，民航企业应当保持认真、谨慎的态度，巧妙地将新闻、故事等内容刊登在各类媒体平台上，以扩大企业的影响力。此外，民航企业还应持续加强与各媒体机构的沟通与合作，从而构建广泛且稳固的媒体关系网络。

公共关系活动时机的
选定

（四）评估公共关系活动效果

　　公共关系活动主要通过塑造民航企业及其产品的良好形象，间接、长期地促进营销目标的实现，其效果评估应注重长期性和间接性。因此，民航企业可以将公共关系活动的目标转化为具体、可衡量的指标，然后作为活动效果的评估标准，以不断优化公共关系策略，提升企业形象与品牌价值。

民航贴士

　　在实际经营过程中，民航企业应敏锐洞察市场环境与消费者需求的变化，有效整合多样化的促销策略，充分发挥各种促销方式的整体协同效应，从而实现企业的营销目标。

任务实施

模拟民航产品促销活动

　　全班学生以小组（6～8人）为单位，每组任意选择一种情景来模拟民航产品的促销活动，然后结合所学知识，完成以下任务。

　　（1）确定情景模拟的具体形式与内容，包括但不限于购票、咨询、值机等。

　　（2）精心策划促销方案，明确促销活动的目标消费群体，并设计优惠措施，如机票折扣、积分兑换计划、免费行李额度等。

（3）制作促销活动所需要的宣传素材，如创意海报、视频等。

（4）活动过程中，随机邀请其他小组成员扮演消费者。

（5）活动结束后，受邀的小组成员根据亲身体验提出意见和建议。

（6）各小组之间互相交流活动中的心得体会，指导老师对整体活动效果进行综合评价。

 ## 任务评价

各小组成员可参考表 7-8 所列的评价标准对任务实施环节的具体表现进行评价，并请指导教师进行点评。

表 7-8　任务实施评价表

评价内容	评价标准	分值	评价分数	
			自评	师评
准备工作（30分）	任务分配均衡，分工明确	15		
	宣传素材制作独特、有创意	15		
技能实操（50分）	合理设计促销方案及优惠措施	15		
	准确传达促销活动信息	15		
	有效应对情景模拟中的突发情况	20		
成果呈现（20分）	情景模拟形式丰富多样	10		
	促销活动有吸引力，整体效果好	10		
合计		100		
总评	自评（30%）+师评（70%）=	教师（签名）：		

一、单项选择题

1.（　　）是指民航企业为了鼓励消费者购买产品而进行的具有短期诱导性和强刺激性的一种促销方式。

A. 人员推销
B. 营业推广

C. 公共关系
D. 广告

2. 下列选项中，（　　）不属于针对消费者采用的营业推广形式。

    A. 赠送礼品   B. 发放优惠券

    C. 打折促销   D. 订购会

3. 下列选项中，（　　）不属于民航企业公共关系的构成要素。

    A. 民航企业   B. 社会公众

    C. 竞争者   D. 传播手段

4. （　　）通常利用封面、封底、内页、插页等位置刊登广告。

    A. 电视   B. 广播

    C. 报纸   D. 杂志

5. （　　）通过借助公共场所的路牌、公交车体、大型灯箱等载体，利用 LED 显示屏、电子广告牌等科技手段来展现产品，吸引过往人群的注意。

    A. 户外数字媒体   B. 网络媒体

    C. 广播   D. 电视

二、多项选择题

1. 促销组合是指民航企业根据产品特色和促销目标，综合运用（　　）等促销方式，最大限度地发挥整体促销效果，从而顺利实现企业促销目标的策略。

    A. 广告   B. 人员推销

    C. 营业推广   D. 公共关系

2. 民航企业促销组合的影响因素包括（　　）。

    A. 促销目标   B. 企业实力

    C. 产品性质   D. 市场条件

3. 人员推销的形式包括（　　）。

    A. 上门推销   B. 柜台推销

    C. 会议推销   D. 电话推销

4. 针对销售人员采用的营业推广形式包括（　　）。

    A. 发放优惠券   B. 业务提成

    C. 分红奖金   D. 销售竞赛

5. 下列选项中，（　　）属于传统媒体。

    A. 报纸   B. 杂志

    C. 广播   D. 网络媒体

三、简答题

1. 简述广告的构成要素。

2. 简述营业推广的特点。

3. 简述公共关系的构成。

四、案例分析题

云端创意广播促销

购物节期间，西部航空特别推出了"499 元限量秒"云端创意广播促销活动。这一活动旨在为广大旅客及企业提供一个展现自我、传递信息的平台。通过灵活运用空中资源，旅客可以在云端大声宣告浪漫告白，企业可以在云端展示其产品特色。

作为西部航空的一次创新促销尝试，云端创意广播促销活动特别设置了前十名的优惠名额。符合条件的意向旅客会接到西部航空的官方电话回访，以确认订单详情、完成付款手续。在经过相关部门审核后，口播内容会在七个工作日内安排上机发布。

（资料来源：张薇，《499 元购云端创意广播 西部航空双十一推出众多优惠产品》，

中国民航网，2022 年 11 月 9 日）

你认为云端创意广播促销属于哪种促销方式？

项目八

井然有序

——民航市场营销管理

学习目标

知识目标

（1）熟悉民航市场营销计划的类型及制订。

（2）熟悉民航市场营销组织的目标及形式。

（3）熟悉民航市场营销控制的原则及内容。

技能目标

（1）能够运用所学知识制订完善的民航市场营销计划。

（2）能够根据实际情况构建合适的民航市场营销组织。

（3）能够把握民航市场营销控制的原则。

素养目标

（1）增强计划意识，培养大局观。

（2）培养科学、理性、严谨的工作态度。

（3）培养市场调研及策划能力。

任务一　制订民航市场营销计划

任务导入

助力开学季　护航返校路

在新学期来临之际，乌鲁木齐地窝堡国际机场（以下简称"乌鲁木齐国际机场"）迎来了秋季学生返校的客流高峰。乌鲁木齐国际机场安检总站根据学生旅客的出行特点，预先制定计划，精心组织安排，通过实施多项举措，为学生安全、顺利返校保驾护航。

（1）提供乘机咨询引导服务：在旅客安检入口待检区设置流动乘机咨询服务，为乘机的学生旅客提供咨询、引导、乘机安全知识宣传等综合服务。

（2）提供安全检查提醒服务：根据学生旅客出行的特点，针对各类数码电子产品的检查和携带要求，在各航站楼展示柜的显著位置予以提示和宣传，从而减少学生旅客的过检时间。

（3）提供全天候志愿服务：在安检现场，安检工作人员为返校学生全天候提供志愿服务。针对晚到、首乘及有特殊需求的学生旅客，志愿服务人员会引导其至专用安检通道，并在过检时提供暂存、邮寄、过检帮扶等多种服务。

（4）提供无人陪伴学生安心服务：针对无人陪伴的小学生，安排值机和相关服务人员做好安检服务保障，"陪伴"小学生顺利通过安检的全流程，让无人陪伴学生及家长都深切地感受到机场无处不在的真情服务。

（5）提供返校学生安检专用通道贴心服务：提前了解各航空公司的运营计划，掌握学生旅客的动向，并与各航空公司及值机部门等进行沟通协调，开设安检专用通道，加快学生旅客的过检速度，减少排队等候时间，做到服务保障工作有条不紊。

（资料来源：张彤，《助力开学季 护航返校路 乌鲁木齐国际机场推出多项服务举措》，中国民航网，2024 年 8 月 21 日）

？ 乌鲁木齐国际机场预先制定计划对应对学生返校高潮有何作用？

一、民航市场营销计划概述

计划是民航市场营销管理的首要环节。无论何种类型、何种规模的民航企业，都需要制订一套切实可行的市场营销计划。

（一）民航市场营销计划的内涵

民航市场营销计划是指民航企业在整体经营战略的指导下，依据自身的实际情况，

深入分析市场营销环境，结合市场需求与经营目标，谨慎选择市场营销策略，有效实施、控制市场营销活动的过程。

整体而言，民航市场营销计划聚焦于两个根本性问题：一是明确企业的营销目标是什么，二是探索怎样才能实现这些营销目标。因此，在开展市场营销活动之前，民航企业必须精心制订市场营销计划，以便在未来发展过程中有效应对潜在的风险和不确定性。

俗话说："凡事预则立，不预则废。"你是怎么理解这句话的？和同学们讨论，说一说自己的看法。

（二）民航市场营销计划的类型

1. 按计划期限的长短划分

民航市场营销计划通常以年为单位进行规划。根据计划期限的长短不同，民航市场营销计划可分为长期计划、中期计划和短期计划。

（1）长期计划，又称"战略计划"，其期限一般在五年以上，主要是确定民航企业未来发展方向和经营目标的纲领性计划。这类计划通常涉及民航企业战略层面的决策，如市场扩张、航线网络优化、品牌建设等。

（2）中期计划，又称"战术计划"，其期限一般在一年至五年，是介于长期计划和短期计划之间的过渡性计划。这类计划更加具体，通常涉及市场策略、产品线扩展、销售渠道优化等方面的规划。

（3）短期计划，又称"具体计划"，其期限一般不超过一年，如年度计划、特定项目的执行计划等。这类计划主要关注民航企业当前的市场状况，通过制订具体的市场营销策略、促销活动方案等，实现短期内的经营目标。

2. 按计划涉及的范围划分

根据计划涉及的范围不同，市场营销计划可分为总体营销计划和专项营销计划。

（1）总体营销计划是指对民航企业所有产品的销售和各职能部门的任务所做的整体营销安排。它是一种全面的、综合性的计划，涵盖了市场定位、产品策略、价格策略、分销策略、促销策略等多个方面，旨在实现民航企业的整体营销目标。

（2）专项营销计划是针对某一民航产品或专项问题制订的单项计划。它具有较高的灵活性和较强的针对性，如品牌计划、定价计划、促销计划等，旨在解决特定市场问题或提升民航企业某一方面的市场竞争力。在特定时期，这类计划可能会作为核心营销任务来执行。

（三）民航市场营销计划的作用

民航市场营销计划明确了各种市场营销活动的任务、目标、关键指标、策略及具体

措施，可以使民航企业按照既定的要求有序开展营销工作，有效规避营销过程中的混乱与盲目。其作用主要表现在以下几个方面。

1. 明确工作方向

民航市场营销计划详细说明了预期的营销目标和经济效益，为民航企业提供了合理的发展框架，降低了经营的盲目性。在实施阶段，民航市场营销计划还能使民航企业根据预期营销目标适时、灵活地调整行动方案，采取有针对性的措施，从而确保最终营销目标的顺利完成。

2. 节约营销成本

民航市场营销计划明确了实施市场营销活动所需的资源，便于民航企业更为有效地控制成本，避免资源浪费，提升经济效益。

3. 明确划分责任

民航市场营销计划详细列出了民航企业待执行的任务和将要采取的行动，为各职能部门的责任划分提供了明确依据，确保相关人员按照营销目标与步骤高效完成任务，提升团队整体的协作效率。

4. 控制市场营销活动

民航市场营销计划为民航企业提供了一个可以监测、控制市场营销活动效果的工具。通过跟踪各项市场营销活动的实施进展和成效，民航企业能够精准评估市场营销策略的有效性，并适时做出调整，以确保市场营销活动各环节的有序进行。

二、民航市场营销计划的制订

（一）制订步骤

民航企业应以国家有关方针、政策、法律法规为指导，依据市场需求、营销目标、经营能力等来制订市场营销计划。民航市场营销计划的制订步骤大致如下。

1. 调查研究，分析现状

开展市场调查研究是制订民航市场营销计划的前提。民航企业只有深入分析内外部市场营销环境，才能认清自身的优势与不足，进而发掘市场机遇，规避市场风险，精准把控经营过程中的契机。

2. 统筹安排，确定目标

营销目标的确定是一项复杂而系统的工作，需要综合考虑民航企业的经营战略、经营目标等多重因素。在确定营销目标的过程中，民航企业可以将其划分为总目标、中间目标、具体目标等多个层次，构建一个既相互关联、统一协调，又彼此制约、层次分明的完整目标体系。

3. 制订策略，明晰方案

市场营销策略是实现营销目标的基础，其制订必须紧密结合民航企业的实际状况，

确保资源的合理分配。在营销目标与市场营销策略的指导下，民航企业应针对各项营销任务制订详细的实施方案。一般情况下，实施方案应涵盖时间、地点、执行主体、实施方式、预期效果等内容，以保障市场营销活动有条不紊地推进。

4. 协调平衡，确定计划

在制订民航市场营销计划时，民航企业要确保营销目标与企业的经营目标相契合。同时，民航企业还要有效协调各职能部门间的关系，做好各环节的衔接工作，以制订出具有高度可操作性的计划方案，为计划的执行奠定良好的基础。

5. 跟进调整，有效监控

民航市场营销计划应包含对计划实施过程的监控措施，涵盖监控主体、评估标准、信息反馈等内容。民航企业通过实时跟进计划的执行情况，可以及时发现问题并调整策略，以保障计划的顺利完成。

民航贴士

市场营销计划并非是一成不变的，民航企业应根据市场营销环境变化对其进行动态调整。当然，这种动态调整并非是随意而为的，而是在整体一致性的基础上，对不同层次进行不同程度的修订。修订时，民航企业既要考虑各细分市场的特点，又要保持计划的统一性。

（二）制订内容

民航市场营销计划主要包括以下几个方面的内容。

1. 内容提要

内容提要是对营销目标和营销措施的简短介绍，目的是使民航企业迅速了解计划的主要内容，抓住计划的要点。

2. 市场营销环境分析

市场营销环境分析是进行市场细分、选择目标市场和明确市场定位的前提，它包括对目标市场需求、消费者行为、市场竞争态势、行业发展前景等多方面内容的深入分析。

3. 机会与风险分析

机会与风险分析包括两个方面：一是从外部环境出发，识别计划期内市场营销活动所面临的主要机会和潜在风险；二是从内部环境出发，分析企业自身营销资源的优势与劣势。这一过程有助于民航企业精准确定市场营销计划中需关注的核心要素与关键问题。

4. 营销目标

营销目标是市场营销计划的核心内容，其设定应当明确、具体。一般情况下，营销目标可通过销量、销售额、销售增长率等一系列可量化的指标进行精准衡量与有效评估。

设定营销目标的注意事项

 **民航贴士**

营销目标影响着营销资源的分配。在拟定营销目标时，民航企业既要确保营销目标合理可行，符合自身的实际情况和市场营销环境；又要确保营销目标具有一定的开拓性，能够激发团队的积极性和创造力，推动企业不断向前发展。

5. 市场营销策略

市场营销策略是指针对特定目标市场、某种产品、所要达成的营销目标所进行的营销措施安排，具体包括产品策略、价格策略、分销策略、促销策略等。这些市场营销策略的有效组合可以满足多样化的市场需求，推动销量的持续增长。

6. 营销预算

营销预算是关于盈利或亏损的计划，可通过详细的预算表进行展示。预算表一般包括收入和支出两部分，收入部分需要明确列出预计的销量及对应的平均销售价格，支出部分需要详细说明生产成本、分销成本及各项市场营销活动的具体费用。通过计算收入总额与支出总额的差额，民航企业即可得出预计的利润（或亏损）。

7. 营销监控

营销监控是指对市场营销计划的执行情况进行系统性检查，旨在监督市场营销计划的实施进程。其具体做法如下：将市场营销计划中设定的营销目标和营销预算按月或季细分，由营销经理定期对各部门的业绩进行审查，检查预期营销目标是否实现。对于未能按期完成市场营销计划或未实现预期营销目标的部门，民航企业应及时分析原因并提出改进措施，以确保整体营销目标的实现。

任务实施

制订民航市场营销计划

全班学生以小组（6～8人）为单位，每组任意选择一家国内航空公司作为研究对象，然后结合所学知识，完成以下任务。

（1）深入了解所选航空公司的市场营销环境、现行市场营销策略等内容。

（2）分析所选航空公司现行市场营销策略的优势与不足，并提出有针对性的市场营销组合策略。

（3）基于分析结果，制订所选航空公司的市场营销计划，并形成书面报告。报告应包含内容提要、市场营销环境分析、机会与风险分析、营销目标、市场营销策略、营销预算、营销监控等内容。

（4）根据书面报告制作一份演示文稿。

（5）派代表在课堂上进行 5 分钟左右的汇报。

（6）汇报结束后，指导教师进行评价。

 **任务评价**

各小组成员可参考表 8-1 所列的评价标准对任务实施环节的具体表现进行评价，并请指导教师进行点评。

表 8-1　任务实施评价表

评价内容	评价标准	分值	评价分数	
			自评	师评
准备工作（30 分）	分工合理，职责清晰	15		
	搜集的资料全面、准确	15		
技能实操（50 分）	准确识别所选航空公司现行市场营销策略的优势与不足	15		
	运用所学知识，提出有针对性的见解	15		
	及时撰写市场营销计划书面报告，报告内容翔实	20		
成果呈现（20 分）	演示文稿简洁明了，易于理解	10		
	汇报重点突出，条理清晰	10		
合计		100		
总评	自评（30%）+师评（70%）=		教师（签名）：	

任 务 二　构建民航市场营销组织

 **任务导入**

航空运输服务的关键

航空运输服务顺利完成的关键在于航空公司各部门之间的合理协调与配合。其中，市场营销组织作为连接旅客与航空公司的重要桥梁，在整个服务过程中尤为关键。

在旅客运输方面，市场营销组织需要在旅客出行的各个关键环节合理配置相关人员，包括但不限于专业的销售人员、细致的地面服务人员、贴心的空中乘务人员等，以确保旅客出行体验的优质和顺畅。

在货物运输方面，市场营销组织需要配置一定数量的物流配送人员，以确保货物运输从起始点到终点的无缝衔接。

（资料来源：杨波，《中国航空货运市场发展与思考》，民航资源网，
2020 年 9 月 11 日）

❓ 市场营销组织对民航企业的运营有何作用？

一、民航市场营销组织概述

（一）民航市场营销组织的含义

在现代市场经济条件下，民航企业制订市场营销计划、从事市场营销活动，都离不开市场营销组织。民航市场营销组织是由从事民航市场营销活动的各部门及其成员所构成的一个职能部门，它能汇集、融合、放大个体的力量，是民航企业实现营销目标的可靠保障。其核心职能在于明确民航企业内部各部门间的职责划分，并合理配置有限的营销资源。

（二）民航市场营销组织的目标

1. 激励销售人员实现营销目标

市场营销活动的具体流程大部分是由销售人员来落实的。民航市场营销组织通过制订科学、有序的行为规范准则，营造和谐的人际关系及良好的竞争氛围，可以充分调动销售人员的积极性，确保营销目标的实现。

2. 快速应对市场变化

民航市场营销组织能够不断适应外部环境，并对市场变化做出快速反应，迅速调整产品策略、价格策略、分销策略、促销策略等内容，以确保企业的发展与市场状况相契合。

3. 促使市场营销效率最大化

民航市场营销组织可以明确界定企业内部各部门与市场营销相关的权利与责任，避免这些部门之间产生矛盾和冲突，促使市场营销效率最大化。

二、民航市场营销组织的形式

为了满足不同营销目标的要求，民航企业通常会构建不同的市场营销组织。只有选择恰当的市场营销组织，民航企业才能更有效地完成营销目标。常见的民航市场营销组织包括以下几种形式。

市场营销组织的
选择原则

（一）基础组织形式

1. 职能型组织

职能型组织是由各职能部门所构成的一种最常见的市场营销组织形式，各部门之间

的关系主要由营销经理负责协调,如图 8-1 所示。

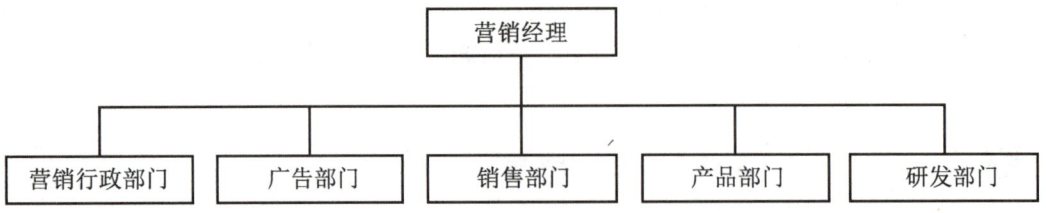

图 8-1　职能型组织

职能型组织结构简单,易于管理,适用于产品种类不多,对销售人员的专业知识要求不高,各地区经营情况差别不大的民航企业。

但是,随着产品种类的增多和市场规模的扩大,这种组织形式会暴露出许多问题。例如,由于缺少对一种产品或一个市场全盘负责的部门,以及缺少按产品或按市场制订的完整市场营销计划,某些产品或市场容易被忽略;为了争取更多的预算或更高的地位,各职能部门之间容易产生不必要的竞争,使民航企业面临协调难题。

2. 产品型组织

产品型组织是指在职能型组织的基础上增设产品线及产品项目的一种市场营销组织形式,如图 8-2 所示。

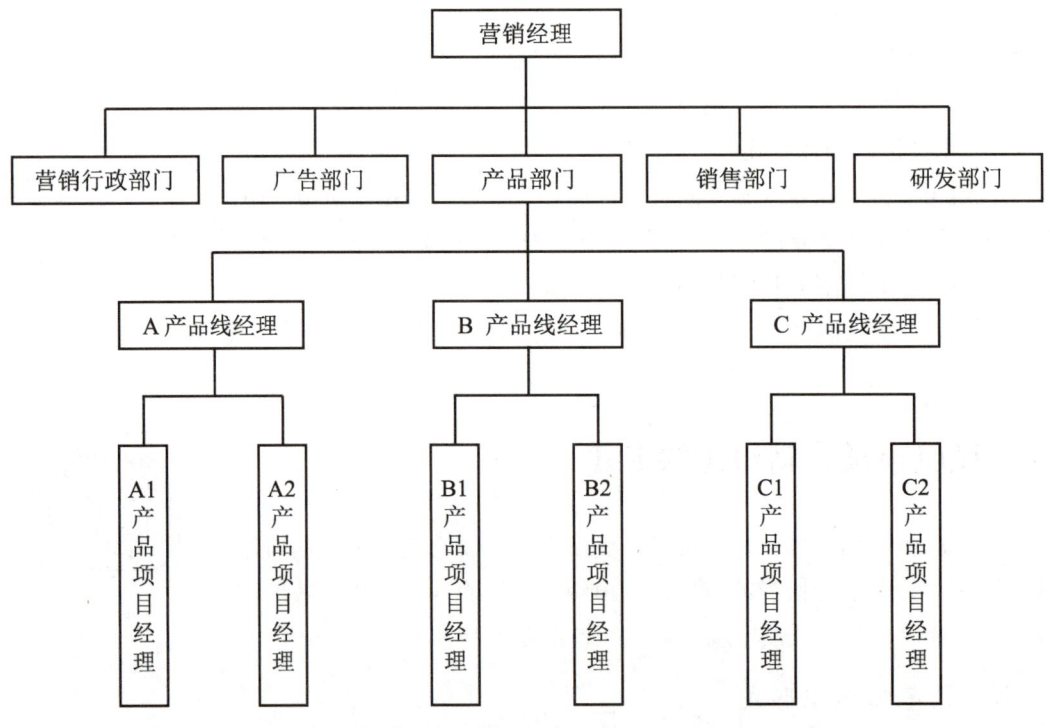

图 8-2　产品型组织

产品型组织的优点包括:① 产品覆盖面较广,能确保大多数产品都得到关注与推

广；② 灵活性较高，方便产品项目经理及时把握市场需求，并迅速对市场变化做出反应。因此，这种组织形式适用于产品种类较多、产品间关联较弱、销售人员专业性较强的民航企业。

然而，这种组织形式也存在一些问题：① 产品项目经理可能过于关注单个产品的销售业绩，从而忽视民航企业的整体利益；② 产品项目经理之间可能会为了争夺资源、预算等产生冲突，影响内部和谐。

3. 市场型组织

市场型组织是以不同的细分市场作为各职能部门工作重心或服务对象的一种市场营销组织形式，如图 8-3 所示。

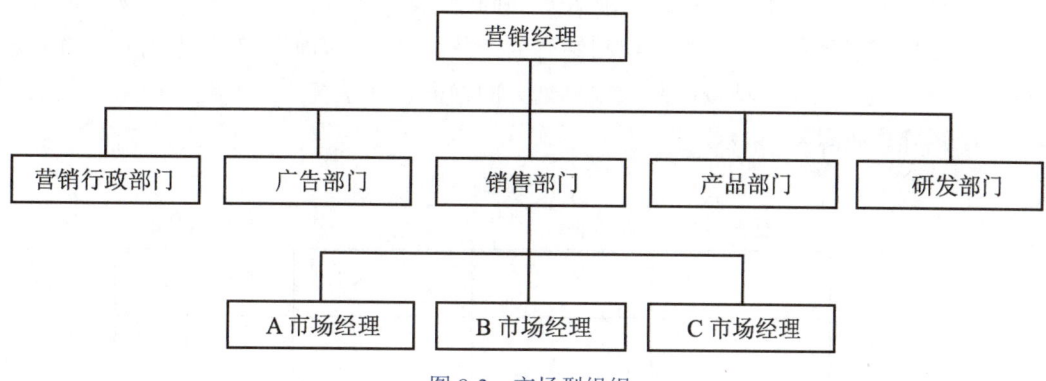

图 8-3　市场型组织

市场型组织将消费者需求放在首位，有利于开拓新的市场，扩大民航产品的销售范围。但这种组织形式通常需要设置多个岗位来满足消费者需求，经营管理费用较高，还可能存在权责不清、多头领导等问题。因此，市场型组织适用于消费者需求多样化、分销渠道较多、市场竞争相对激烈的民航企业。

4. 地区型组织

地区型组织是民航企业依据地理区域划分销售范围，并为每个区域设立专门的营销团队和市场营销策略的一种市场营销组织形式，如图 8-4 所示。

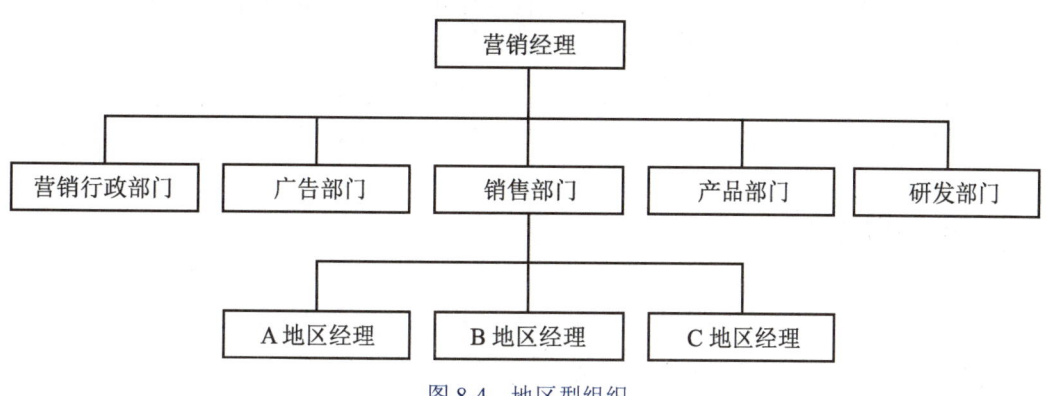

图 8-4　地区型组织

这种组织形式虽然增加了管理幅度，但能使权力集中、职责清晰，适用于销售范围广泛、营销任务重、市场营销工作相对复杂的民航企业。为了获得更好的市场营销效果，民航企业通常将该组织形式与其他组织形式结合使用。

（二）混合组织形式

随着企业规模的扩张，民航产品的日益丰富，民航企业需要拓展更广阔的市场。在这一背景下，上述四种市场营销组织形式进一步演化出混合的市场营销组织形式，包括矩阵型组织和事业部型组织。

1. 矩阵型组织

矩阵型组织是组合不同部门的专业人员共同完成特定营销任务的一种市场营销组织形式。它是职能型组织与产品型组织相结合的产物，是在原有职能部门组成的垂直领导系统基础上，又建立了一种按产品或项目划分的横向领导系统，然后将两者结合起来组成了一个矩阵，如图 8-5 所示。

职能部门经理			
职能部门 1	职能部门 2	职能部门 3	职能部门 4
产品 1			
产品 2			
产品 3			
产品 4			

图 8-5　矩阵型组织

矩阵型组织将不同部门的专业人员整合在一起，不仅能充分利用企业资源，还极大地促进了部门间的沟通与协作，打破了部门间的壁垒，适用于对专业知识、技术等方面要求较高但资源有限的民航企业。

但是，矩阵型组织存在以下缺点：① 组织中的团队成员同时面临多个领导，这可能会导致指令冲突和协调上的困难；② 在营销任务执行过程中，不同部门间可能会出现资源分配不均的情况，从而影响任务进展；③ 矩阵型组织往往会随着任务的完成而解散，导致团队成员需要不断适应新的工作环境，工作稳定性较差；④ 由于团队成员来自不同部门，跨部门沟通与协调需要花费大量时间和精力，增加企业的管理成本。

2. 事业部型组织

随着产品种类的增加和企业规模的扩大，民航企业通常会设立独立的事业部，然后在各事业部下分设各职能部门，从而形成事业部型组织，如图 8-6 所示。

根据民航企业是否设立独立的销售部门，事业部型组织可划分为以下几种情况。

（1）民航企业不设立独立的销售部门。在这种情况下，销售职能完全归属于各事业

部，各事业部自行设立销售部门负责民航产品的推广与销售。

（2）民航企业设立独立的、规模适当的销售部门。在这种情况下，独立的销售部门主要承担市场调研、品牌推广、销售渠道管理等支持性职能，并为各事业部提供销售指导，具体的销售活动则由各事业部的销售部门负责。

（3）民航企业设立独立的、功能强大的销售部门。在这种情况下，独立的销售部门直接参与各事业部的市场营销计划工作，同时监控各事业部的市场营销活动进度；而各事业部的销售部门可以看作是市场营销计划的执行者。

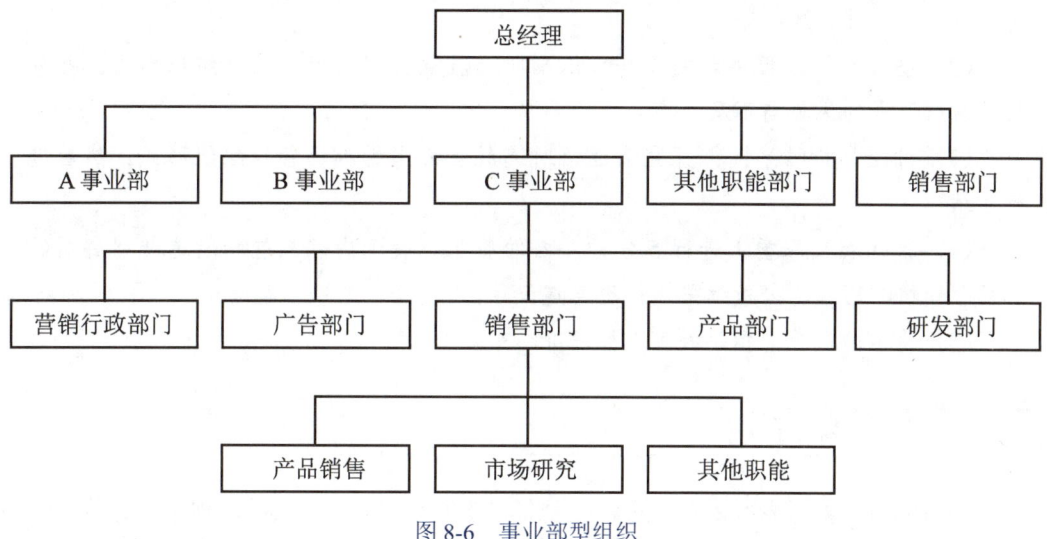

图 8-6　事业部型组织

民航视窗

民航市场营销组织形式选择的影响因素

民航市场营销组织形式的选择受多种因素的影响，主要包括以下几个方面。

（1）营销目标。民航市场营销组织主要服务于民航企业的营销目标，其形式会随着企业营销目标的变化而变化。

（2）企业规模。民航企业的规模直接关系着民航市场营销组织结构的复杂性。一般情况下，规模越大的民航企业，其市场营销组织越复杂；反之，则相对简单。

（3）产品特性。民航产品的多样性、独特性、关联性及技术服务需求等，都会对市场营销组织形式的选择产生重要影响。例如，产品种类繁多的民航企业通常需要设立专门的产品部门来协调销售部门的工作，技术服务需求较多的民航企业通常需要设立专业的技术部门来为消费者提供服务。

（4）市场分布。市场分布的范围影响着民航市场营销组织形式的选择。市场分布范围较广的民航企业，通常需要设立多个市场营销组织分支机构，以便更贴近市场、快速响应消费者的需求。

任务实施

探究民航市场营销组织形式

全班学生以小组（6～8 人）为单位，每组任意选择 2～3 家国内航空公司作为研究对象，然后结合所学知识，完成以下任务。

（1）搜集所选航空公司市场营销相关的详细资料，包括但不限于企业背景、市场定位、市场营销策略等。

（2）整理和筛选搜集到的资料，识别所选航空公司的市场营销组织形式，并分析该组织形式的优势与不足。

（3）讨论分析结果，并探究最适合所选航空公司的市场营销组织形式，然后进行总结。

（4）派代表在课堂上进行 5 分钟左右的展示。展示内容应包括所选航空公司的市场营销组织形式、分析结果、结论与建议等。

（5）展示结束后，指导教师进行评价。

任务评价

各小组成员可参考表 8-2 所列的评价标准对任务实施环节的具体表现进行评价，并请指导教师进行点评。

表 8-2　任务实施评价表

评价内容	评价标准	分值	评价分数	
			自评	师评
准备工作（30 分）	分工合理，职责清晰	15		
	搜集的资料全面、准确，能充分支持后续工作	15		
技能实操（50 分）	准确识别所选航空公司的市场营销组织形式	15		
	深入分析所选航空公司现有市场营销组织形式的优势与不足	15		
	找出最适合所选航空公司的市场营销组织形式	20		
成果呈现（20 分）	总结全面，逻辑性强，理由充分	10		
	展示重点突出，条理清晰，详略得当	10		
合计		100		
总评	自评（30%）+师评（70%）=	教师（签名）：		

任务三　熟悉民航市场营销控制

任务导入

东方航空的销售管理系统

为了对市场营销活动实施有效控制，东方航空开发了销售管理系统。该系统能对销售渠道进行全面规划、组织、协调及管控，从而优化资源配置，促进销售效率与销售业绩的双重提升。同时，该系统还建立了代理人授权评级、违规管理等机制，构建了一条来源可溯、去向可追、责任明确的产品安全追溯链条，以确保对销售渠道进行实时在线监控，实现从代理人签约到违规行为监管的全过程管理与控制。

（资料来源：张薇，《东航销售管理系统研发上线》，中国民航网，

2024 年 2 月 8 日）

? 东方航空开发销售管理系统的主要目的是什么？

一、民航市场营销控制的含义

民航市场营销控制是指民航企业在实施市场营销计划的过程中，对各项市场营销活动进行持续监督、检查和调整的过程。它贯穿于整个市场营销活动的始终，其目的是确保市场营销计划能够按照预定安排顺利执行。

在检查市场营销计划的执行情况时，如果发现实际情况与计划不一致或者市场营销计划没有完成，民航企业需要找出具体原因并采取适当措施加以干涉，以确保市场营销计划的顺利进行。

二、民航市场营销控制的原则

在实施市场营销控制时，民航企业应当遵循以下原则。

（一）重要性原则

市场营销工作错综复杂，任何一家民航企业都难以全面控制所有的市场营销活动。因此，民航企业应筛选出最能体现工作核心的重要内容，然后对其进行有效控制。

（二）及时性原则

在进行市场营销控制时，一旦发现偏差，民航企业应立即采取有效措施予以纠正。为了预防信息滞后带来无法弥补的损失，民航企业应进行前端控制，防患于未然。

（三）客观性原则

在进行市场营销控制时，民航企业应保持客观公正，避免过度依赖个人经验导致的主观臆断，或只关注市场营销活动的某个方面，以免引起决策上的偏差。

（四）经济性原则

市场营销控制涉及成本投入，其产生的费用和收益往往与控制力度直接相关。因此，在进行市场营销控制时，民航企业应注重经济效益，力求在成本最优化的情况下，实现最佳的控制效果。

三、民航市场营销控制的内容

民航市场营销控制的内容主要包括年度计划控制、盈利能力控制、效率控制和战略控制。

（一）年度计划控制

年度计划控制主要由民航企业的高层营销管理人员负责，旨在发现市场营销计划执行过程中出现的偏差，并及时予以纠正，确保年度计划中的各项指标顺利实现。年度计划控制主要包括以下内容。

（1）销售分析，即衡量并评估民航企业的实际销售额与计划销售额之间的差异情况，同时深入分析造成这些差异的具体原因，如市场需求变化、竞争者动态等，从而为计划的后续调整和优化提供决策依据。

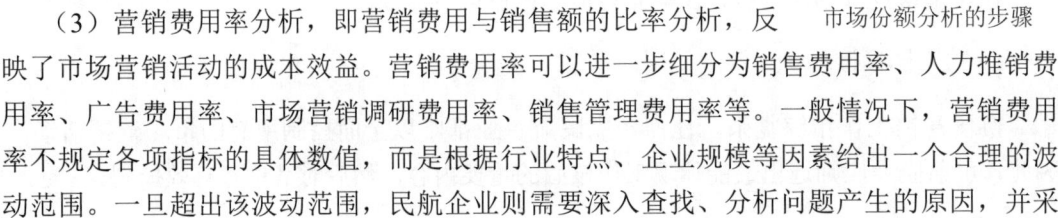

销售分析的常用方法

（2）市场份额分析，即通过市场份额来反映民航企业的经营状况及其在市场竞争中的地位。根据比较范围的不同，民航企业的市场份额可以用总市场份额、相对市场份额、服务市场份额等指标来衡量。

市场份额分析的步骤

（3）营销费用率分析，即营销费用与销售额的比率分析，反映了市场营销活动的成本效益。营销费用率可以进一步细分为销售费用率、人力推销费用率、广告费用率、市场营销调研费用率、销售管理费用率等。一般情况下，营销费用率不规定各项指标的具体数值，而是根据行业特点、企业规模等因素给出一个合理的波动范围。一旦超出该波动范围，民航企业则需要深入查找、分析问题产生的原因，并采

取相应的调整措施。

（4）财务分析，即全面评估民航企业的财务状况和经营效率。一般情况下，民航企业可通过销售利润率、资产收益率、资本报酬率、资产周转率等指标的综合分析来优化经营策略，提高竞争力。

（5）消费者态度追踪，即通过设置消费者意见和建议制度、建立固定的消费者样本、通过消费者调查等方式，了解消费者对民航企业及其产品的态度变化情况。

民航视窗

抱怨管理系统

为了更有效地追踪消费者的意见和建议，了解消费者的满意度情况，强化与消费者之间的关系管理，民航企业可以构建一套抱怨管理系统（见图8-7）。

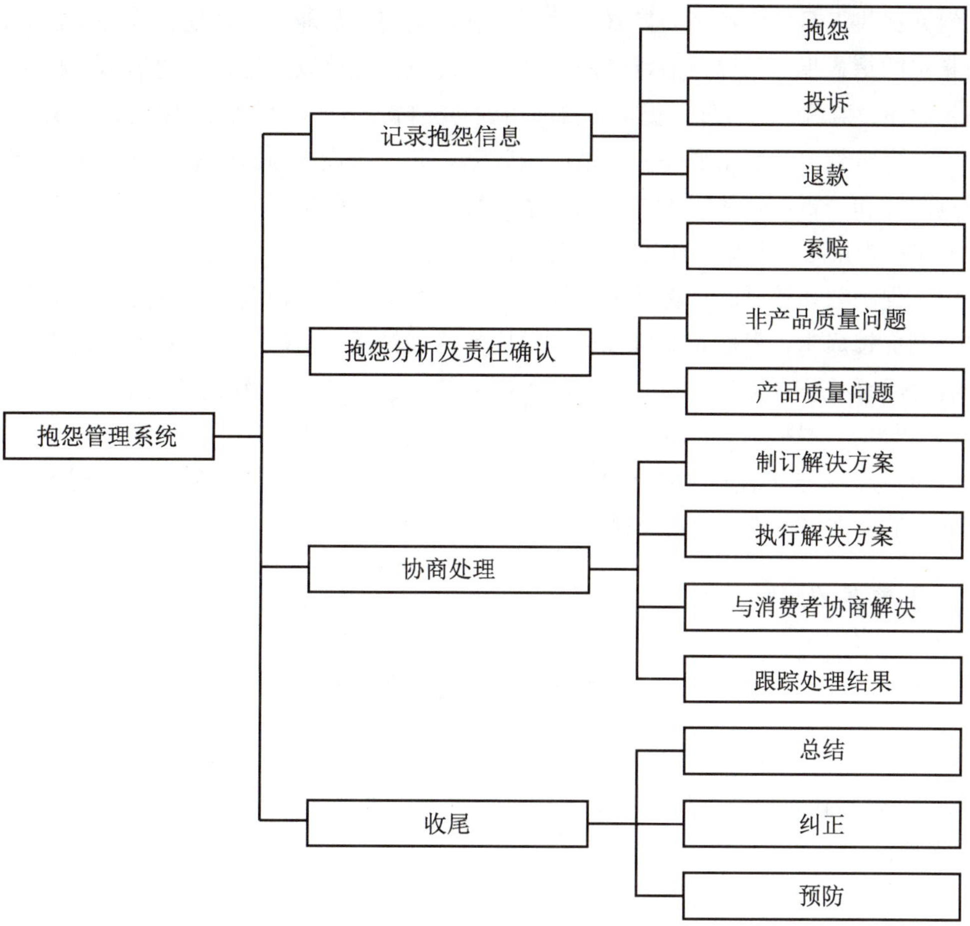

```
抱怨管理系统 ┬─ 记录抱怨信息 ┬─ 抱怨
            │              ├─ 投诉
            │              ├─ 退款
            │              └─ 索赔
            │
            ├─ 抱怨分析及责任确认 ┬─ 非产品质量问题
            │                  └─ 产品质量问题
            │
            ├─ 协商处理 ┬─ 制订解决方案
            │          ├─ 执行解决方案
            │          ├─ 与消费者协商解决
            │          └─ 跟踪处理结果
            │
            └─ 收尾 ┬─ 总结
                   ├─ 纠正
                   └─ 预防
```

图8-7　抱怨管理系统

（二）盈利能力控制

盈利能力控制一般由民航企业内部负责监控营销支出和活动的营销管理人员负责，旨在测定不同产品、不同消费群体、不同销售地区、不同销售渠道、不同规模订单等的盈利情况。盈利能力控制主要通过分析销售利润率、资产收益率、净资产收益率、资产管理效率等指标来实现。为了保证盈利水平，民航企业还需要紧密结合实际情况，严格控制产品生产成本与市场营销成本，包括产品的加工费、运输费、仓储费、促销费等。

（三）效率控制

效率控制的核心在于优化资源利用和管理流程，减少各个营销环节中的冗余，通过持续探索新技术或新方法，不断促进营销效率的提升。民航企业的效率控制主要包括销售人员效率控制、广告效率控制、促销效率控制和分销效率控制。

（1）销售人员效率控制的最终目的在于确保销售人员能够高效地完成营销目标，如完成指定的销售指标、提升消费者满意度等。民航企业可以通过定期明确销售指标、评估销售业绩、监测销售进度、提供必要的培训与支持等方式，有效控制销售人员效率。

（2）广告效率控制主要关注的是广告效果，即广告投入与回报的比例。民航企业可以通过跟踪和分析广告的曝光率、点击率、转化率等关键指标，评估广告的有效性，并据此调整广告策略，选择更合适的广告媒体，优化广告内容。

（3）促销效率控制的目标是确保促销活动能够有效吸引消费者，提升产品的销量，同时控制促销成本。民航企业可以通过对比实施促销活动前后的销售数据、搜集并分析消费者对促销活动的反馈等，评估促销活动的有效性，并据此调整促销策略。

（4）分销效率控制关注的是分销渠道的销售效率、成本控制、消费者满意度等。民航企业可以通过与分销渠道成员建立紧密的合作关系、提供培训和支持、定期评估分销渠道成员的表现等方式，有效控制分销效率。

同步案例

A 航空公司的效率控制

高效管理能确保部门运作顺畅，有效防止资源浪费。因此，A 航空公司对于效率的控制极为严格，并在市场营销方面投入大量精力，致力于提升各营销环节的效率。

（1）在销售人员效率控制方面，A 航空公司要求销售经理定期追踪并记录销售人员的关键业绩指标，如每百次访问的成交率等，旨在帮助销售人员找出制约其业务增长的障碍，提高民航产品的市场占有率。

（2）在促销效率控制方面，A航空公司要求销售人员详细记录每项促销活动的成本投入及促销活动对销售业绩的影响，如优惠活动带动的销售增长率、现场演示引发的咨询次数等，然后通过对比不同促销活动的效果，筛选出最优促销活动。

（四）战略控制

战略控制的核心在于全面评估战略执行的效果，以确保市场营销活动的实际运作与既定的战略规划保持一致。在对企业战略的执行情况进行评估时，民航企业可根据评价和信息反馈对战略进行修正与调整。

 **任务实施**

调研航空公司的年度市场营销计划方案

全班学生以小组（6～8人）为单位，每组任意选择一家国内航空公司作为研究对象，然后结合所学知识，完成以下任务。

（1）调查所选航空公司某年度的市场营销计划方案，并搜集相关资料。

（2）分析所选航空公司市场营销计划方案的控制情况，涵盖销售情况分析、相关财务指标分析等内容。

（3）针对所选航空公司市场营销计划方案的不足之处，提出合理的改进意见和建议。

（4）派代表在课堂上进行汇报和交流，其余小组成员可就汇报内容提出问题并参与讨论。

（5）讨论结束后，指导教师进行评价。

 任务评价

各小组成员可参考表8-3所列的评价标准对任务实施环节的具体表现进行评价，并请指导教师进行点评。

表8-3　任务实施评价表

评价内容	评价标准	分值	评价分数	
			自评	师评
准备工作 （30分）	任务分配均衡，分工明确	15		
	初步了解所选航空公司的市场营销计划方案	15		

表 8-3（续）

评价内容	评价标准	分值	评价分数	
			自评	师评
技能实操（50分）	掌握多种数据分析与评价方法	15		
	合理分析所选航空公司市场营销计划方案的控制情况	15		
	针对所选航空公司市场营销计划方案的不足之处，提出合理可行的改进意见和建议	20		
成果呈现（20分）	展示内容条理清晰，重点突出	10		
	讨论结果具有可实践性	10		
合计		100		
总评	自评（30%）+师评（70%）=		教师（签名）：	

项目考核

一、单项选择题

1. 中期计划的期限一般在（　　），是介于长期计划和短期计划之间的过渡性计划。

　A．一年以内　　　　　　　　B．五年以上

　C．一年至五年　　　　　　　D．十年以上

2. （　　）是由各职能部门所构成的一种最常见的市场营销组织形式。

　A．市场型组织　　　　　　　B．产品型组织

　C．地区型组织　　　　　　　D．职能型组织

3. （　　）是民航企业依据地理区域划分销售范围，并据此构建的一种市场营销组织形式。

　A．市场型组织　　　　　　　B．产品型组织

　C．地区型组织　　　　　　　D．职能型组织

4. （　　），即衡量并评估民航企业的实际销售额与计划销售额之间的差异情况。

　A．财务分析　　　　　　　　B．销售分析

　C．营销费用率分析　　　　　D．市场份额分析

5. （　　）是指民航企业在实施市场营销计划的过程中，对各项市场营销活动进行持续监督、检查和调整的过程。

　A．民航市场营销控制　　　　B．民航市场营销领导

　C．民航市场营销组织　　　　D．民航市场营销计划

二、多项选择题

1. 根据计划期限的长短不同，市场营销计划可分为（   ）。
   A. 长期计划
   B. 中期计划
   C. 中长期计划
   D. 短期计划

2. 民航市场营销计划的作用包括（   ）。
   A. 明确工作方向
   B. 节约营销成本
   C. 明确划分责任
   D. 控制市场营销活动

3. 民航市场营销组织的形式包括（   ）。
   A. 矩阵型组织
   B. 事业部型组织
   C. 地区型组织
   D. 职能型组织

4. 民航市场营销控制的原则包括（   ）。
   A. 重要性原则
   B. 及时性原则
   C. 客观性原则
   D. 经济性原则

5. 民航市场营销控制的类型包括（   ）。
   A. 年度计划控制
   B. 盈利能力控制
   C. 效率控制
   D. 战略控制

三、简答题

1. 简述民航市场营销计划的类型。
2. 简述产品型组织的优缺点及适用范围。
3. 简述年度计划控制的内容。

四、案例分析题

新航季市场营销管理

海南机场集团有限公司（以下简称"海南机场"）在 2024 年发布的第三季度报告中披露，其运营的三亚凤凰国际机场在前三个季度，飞机起降架次、旅客吞吐量、货邮吞吐量等均实现了既定目标。随着新航季的到来，海南机场又制订了新的计划。

为了实现这一目标，海南机场以"调时刻、调机型、调航线"为抓手，提高宽体机航班的执行效率，丰富航线网络布局，持续提升客座率，并加大商业营销力度，以满足旅客多元化的出行需求。此外，海南机场还深化与当地政府部门、旅行社等机构的合作，充分利用免签优惠政策的优势，加大国际航线的开发，吸引更多的境外旅客，持续推动航班客座率的提升。

（资料来源：张彤，《海南机场：2024 年第三季度实现营业收入 8.41 亿元 国际航线及客流量大幅增长》，中国民航网，2024 年 10 月 29 日）

为了实现新航季计划，海南机场应从哪些方面开展市场营销管理工作？

参考文献

[1] 韩奋畴，马广岭．民航市场营销［M］．北京：电子工业出版社，2019．

[2] 黄娜，霍连才，王益友．民航市场营销［M］．2 版．北京：化学工业出版社，2019．

[3] 白杨．航空运输市场营销学［M］．2 版．北京：科学出版社，2021．

[4] 许佳奇，王涛，张艳玲．客运市场营销［M］．北京：北京交通大学出版社，2024．

[5] 吴健安，聂元昆．市场营销学［M］．7 版．北京：高等教育出版社，2022．

[6] 郭国庆．市场营销学通论［M］．9 版．北京：中国人民大学出版社，2022．

[7] 王鑫，饶君华．市场营销基础［M］．北京：高等教育出版社，2023．

[8] 王璐瑶，刘明鑫．市场营销基础［M］．北京：清华大学出版社，2024．